ARQUITECTURA DE SE
INFORMÁTICA

Sergio Castro Reynoso

Alianza de Seguridad Informática

www.asilatam.org

1) OBJETIVO DEL LIBRO

La función de gerente o director de seguridad informática es difícil. Uno es responsable de salvaguardar la información de una red en constante cambio y crecimiento, en contra de todo tipo de ataques. Para hacer esto, se tiene una variedad extensa de posibles soluciones, y varias metodologías. A veces parece que la velocidad de cambio de nuestro medio ambiente de red es tal que no nos podemos mantener al día. Y para complicar las cosas, los auditores quieren cada proceso y control documentado y mantenido al día.

El objetivo de este libro es darle al arquitecto de seguridad informática una guía práctica y sencilla para llevar a su red a un nivel aceptable de seguridad lo más rápido posible, y luego ir refinando la arquitectura para llegar al nivel más alto posible. El enfoque es la implementación rápida de controles efectivos, y la documentación después. Al terminar el libro, el lector podrá generar un plan de trabajo para seleccionar los controles que se apliquen a su red, generar documentos de licitación, una matriz de análisis de proveedores, y un plan de implementación.

El libro comienza dando una visión general sobre la arquitectura del ciberespacio, para luego revisar a detalle las categorías de ciberarmas usadas por hackers. Después hablamos del software y arquitectura de ciberdefensa que se puede implementar en nuestra red, revisando 27 Controles Críticos propuestos, así como la metodología de la implementación de una arquitectura de seguridad informática.

2) ELEMENTOS DEL CIBERESPACIO

El ciberespacio es la vasta red de servidores, computadoras y demás aparatos, conectados entre sí, que nos permite transmitir y recibir información de todo tipo. Ya que la ciberdefensa ocurre exclusivamente en este medio, es importante entender en qué consiste exactamente.

Servidores

Los servidores son computadoras de alto desempeño que, como su nombre lo indica, tienen la función de servir información. La vasta mayoría de las aplicaciones y los datos que usamos en la Internet se encuentran en servidores. Es por esta razón que son el blanco principal en caso de ciberataque.

PCs

Las computadoras personales todos las conocemos; nos permiten administrar nuestra información, y conectarnos a servidores en Internet. Son altamente vulnerables a ataque, ya que un alto porcentaje de los usuarios no siguen reglas básicas de seguridad informática.

Smartphones y tabletas

Los smartphones ya superan a las PCs en número. Cada uno de estos teléfonos son una pequeña computadora, y son igualmente vulnerables a ataque. El reto principal es que, al igual que las laptops, este tipo de aparatos residen generalmente fuera del perímetro de la organización, y por lo tanto no están protegidos por los firewalls, lo cual presenta nuevos retos de defensa.

Elementos de red

Estos son los switches, ruteadores, firewalls y servidores de DNS, los cuales administran el flujo de datos a través de la red. Perder el control de uno de ellos puede causar la parálisis de los flujos de tráfico de la organización. Más adelante veremos en detalle sus funciones.

Sistemas SCADA

SCADA significa "supervisory control and data acquisition", o sea "control de supervisión y adquisición de datos". Este tipo de aparatos controlan todo tipo de procesos industriales, activando y controlando máquinas, sistemas eléctricos, tuberías, etc. Al ser controlados remotamente por una red, son vulnerables a ataque. Podemos decir que son una de las interfaces entre el ciberespacio y el mundo físico.

Otros aparatos

Cada vez hay más aparatos que tienen la capacidad de conectarse a una red, tales como los teléfonos de voz sobre IP, sistemas de audio y videoconferencia, cámaras, e impresoras de red. También comienzan a aparecer automóviles con conexión de red, y conforme avance la tecnología, veremos cada vez más y más aparatos de todo tipo con conectividad a la red.

Veamos ahora un resumen de los tipos de software presentes en la Internet.

Sistemas operativos

El sistema operativo es un paquete de software que administra todos los recursos de hardware de la computadora (u otros aparatos). El sistema operativo actúa como intermediario entre el lenguaje máquina que habla la computadora, y el usuario, así como otros paquetes de software. El tener control del sistema operativo, nos da control total de la máquina, por eso es un blanco importante durante un ciberataque. Los sistemas operativos más comunes son: Windows, Linux, y Mac OS, pero hay cientos de otros sistemas operativos, algunos más antiguos, otros especializados para algunos tipos de aparatos.

Software comercial

El objetivo de un paquete de software es procesar, almacenar, y presentar información al usuario. El software comercial es aquél que tiene un costo. Hay literalmente decenas de miles de compañías que producen software. Es importante mencionar esto, porque no todas tienen los mismos estándares de control de calidad, y los errores de programación son una de las vulnerabilidades principales de los sistemas.

Software de código abierto (open source)

El software de código abierto es aquél que es creado por comunidades, y generalmente es gratis. Se le denomina "código abierto" porque cualquiera puede tener acceso al código del programa, trabajar en él, y proponer cambios a la aplicación. Muchos paquetes muy importantes usados en todo el mundo son de código abierto, tal como Linux.

Software a la medida

Muchas organizaciones programan su propio software, o lo mandan a hacer a una fábrica de software. De esta manera reciben exactamente la solución que buscan. El problema principal de este tipo de software es que generalmente no recibe el escrutinio de seguridad que recibe el software comercial o de código abierto. Por lo tanto este tipo de software puede permanecer vulnerable por muchos años sin que la organización se entere.

Hay dos tipos de software a la medida: cliente-servidor, y aplicaciones web. El software cliente-servidor es aquél que reside en la PC, y se comunica directamente a un servidor para obtener acceso a los datos a ser procesado, pero el procesamiento en sí corre en la PC (los datos también se pueden guardar e la misma PC). Por otro lado, las aplicaciones web residen 100% en el servidor, y el usuario interactúa con las mismas por medio de un navegador.

Aplicaciones en la nube

Una aplicación en la nube, también conocido como Software as a Service (SaaS), es una aplicación web que reside 100% en los servidores del proveedor. Con este tipo de arquitectura, el usuario no tiene que preocuparse por los costos y la administración de la infraestructura, y permite una implementación casi instantánea de la solución. Por otro lado, a algunas organizaciones les preocupa que sus datos residan fuera de su red. Más adelante hablaremos a detalle sobre este tema.

Las redes

La función de las redes es mover los datos entre servidores, PCs, y demás aparatos.

Elementos de red

Los switches permiten el tráfico eficiente y seguro dentro de una red local. El switch actúa como un punto central donde todo el tráfico fluye de entrada, y luego es enviado hacia su destino.

Los ruteadores conectan diferentes redes entre sí, generalmente las redes locales (LANs) con las redes más amplias (WANs) o con la Internet.

Los servidores DNS convierten las direcciones de sitios web a su número de IP correspondiente, para así rutear el tráfico hacia el servidor correcto.

Los conmutadores IP permiten la transmisión de voz por medio de la red de datos.

Protocolos de comunicación

Un protocolo de comunicación es un conjunto de formatos y reglas utilizados para transmitir datos entre máquinas.

Los protocolos de comunicación vienen en "capas". Por ejemplo, al nivel más básico, se usa el protocolo Ethernet, el cual simplemente establece la conexión de información en la red. Jerárquicamente arriba de ese protocolo, está el protocolo TCP/IP, que es el que usa direcciones IPs para rutear información. Esto se hace enviando lo que se conoce como "paquetes", que son bloques de información que contienen la dirección de la máquina transmisora, la dirección de la máquina a la que está dirigido el paquete, y el contenido de datos, junto con otros indicadores. Estos paquetes pueden ser TCP (transfer control protocol), usado para todo tipo de datos, o UDP (user datagram protocol), el cual se usa comúnmente en comunicaciones que requieren flujo constante, como la voz sobre IP, por ejemplo.

Sobre el TCP/IP corren varios otros protocolos. Desde el punto de vista de seguridad informática, algunos de los más importantes son los siguientes: http, https, ssh, ftp, smtp, telnet, SSL, POP. El http y https permiten transmitir páginas web. El ssh es utilizado para acceder y controlar remotamente las máquinas; ftp es usado para transferir archivos, igual que telnet; smtp y POP son usados para transmitir email, y SSL es el protocolo de encriptación usado para transmitir todo esto en forma segura.

Puertos

Los puertos son programas o subprogramas que sirven como punto de comunicación entre protocolos. Los puertos tienen números asignados. Por ejemplo, el puerto comúnmente usado por http, el protocolo usado para transmitir páginas web, es el puerto 80. Por lo tanto, la notación 192.168.1.1:80 direcciona el tráfico de red a esa IP, específicamente al puerto 80. Los puertos juegan un papel fundamental en la seguridad informática, porque son los puntos de acceso principales a la hora de un ataque. La vulnerabilidad de un software generalmente se manifiesta cuanto éste tiene un puerto abierto a la red. Este puerto abierto le permite a un atacante el investigar qué versión de software está instalado, y si éste es vulnerable. Si existe una vulnerabilidad, el ataque y toma de control de la máquina se hace a través de este puerto.

Redes inalámbricas

Una red inalámbrica le permite a una máquina conectarse a una red por medio de ondas electromagnéticas. Eso permite mayor movilidad, pero el riesgo es que el punto de acceso a la red está abierto a ataque, sin necesidad de tener acceso físico. La información es transmitida en forma encriptada, pero el uso incorrecto de este tipo de redes, tal como el uso de protocolos de encriptación insegura, o passwords débiles, permiten el ataque.

Voz sobre IP (VoIP)

La voz sobre IP consiste en transmitir voz sobre redes de datos, tanto dentro de la organización por medio de su red local, como vía Internet. Este protocolo de comunicación de voz está reemplazando los protocolos antiguos de transmisión analógica de voz. Funcionalmente presenta muchas ventajas, pero como son paquetes de datos, son vulnerables a intercepción. Los teléfonos IP y conmutadores IP son computadoras, y por lo tanto susceptibles a ataque.

Proveedores de Internet

Hay varios tamaños de proveedores de Internet, desde los grandes carriers que mueven datos al mayoreo entre países, pasando por las compañías telefónicas que proveen también acceso a Internet, hasta los proveedores de redes urbanas, y acceso a Internet comercial. El acercamiento entre el gobierno y fuerzas armadas con los proveedores de Internet es fundamental, ya que en caso de ciberataques masivos, los proveedores de Internet pueden jugar un papel muy importante en su mitigación.

Redes de fibra óptica

La fibra óptica es usada por los grandes proveedores de Internet para transmitir gran cantidad de datos a través de grandes distancias. También es usada para implementar redes de telecomunicaciones empresariales a nivel urbano. El objetivo a largo plazo es que la fibra óptica eventualmente llegue a hasta las casas y oficinas de todos los usuarios (en lugar de usar la red telefónica de cobre), permitiendo un acceso a Internet mucho más rápido.

Redes celulares

Las redes celulares permiten la comunicación de teléfonos y dispositivos móviles. La compañía telefónica envía datos a las torres celulares ya sea vía fibra óptica, o a través de antenas de microondas. Ya que los datos fluyen libremente por el aire, son susceptibles a ataque.

Infraestructura de la Internet

La infraestructura básica de la Internet es conocida como la "columna vertebral" de la Internet, o "Internet backbone" en inglés. Está conformada por líneas de fibra óptica de alta capacidad, instaladas y administradas por empresas de telecomunicaciones que son conocidas como "tier 1", o sea de primer nivel. Estas conexiones de alta capacidad intercambian datos entre sí en edificios que se conocen como "network access points", o sea puntos de acceso de red. Las empresas tier 1 hacen acuerdos entre ellas para implementar estos llamados NAPs. El término NAP solo es usado en Latinoamérica; en Estados Unidos y otras partes del mundo ahora le llaman "Internet Access Points", o IXPs. Hay cientos de IXPs en el mundo.

Para permitir que los usuarios tengan acceso a Internet, las compañías de telecomunicaciones instalan lo que son conocidos como Points of Presence, o POPs ("puntos de presencia"). Estos POPs se encuentran distribuidos en zonas urbanas, y el modem del usuario se conecta a los mismos vía telefónica. El tráfico fluye entonces inicialmente por la línea telefónica, pasa por el POP, y de ahí es llevado vía fibra óptica a la central telefónica, donde se agrega a grandes líneas de fibra óptica. Si los datos tienen que viajar a otra red fuera de la de este proveedor, los datos son enviados a un NAP para que pasen a otra red. Este tráfico es administrado por medio de ruteadores, los cuales tienen tablas de ruteo de tráfico, y saben hacia qué redes distribuir los mensajes, en base a su dirección IP. También están los servidores de DNS (Domain Name Servers) que tienen la función de mapear las direcciones de internet (www.misitio.com) a la dirección IP, para que pueda ser ruteada. Hay un alto nivel de redundancia en ruteadores y servidores de DNS.

3) LOS TRIANGULOS DE CIBERATAQUE Y CIBERDEFENSA

Antes de pensar en cómo diseñar una arquitectura de seguridad informática, debemos entender los procesos de ciberataque y de ciberdefensa.

¿Cuáles son los objetivos de tener sistemas de tecnología de la información? ¿Por qué invertimos tanto en servidores, elementos de red, y telecomunicaciones? Lo hacemos porque las TI nos permiten hacer nuestras actividades de trabajo, educación, entretenimiento y gobierno en forma más rápida y eficiente. El objetivo de las TI es proveer la información correcta, en el momento y lugar correcto, a la persona correcta. Para lograr esto, las acciones que podemos realizar sobre la información son la generación, transmisión, modificación, y almacenamiento.

Cualquier acción que interrumpa el flujo de la información puede afectar a la organización. Para evitar esto, hay tres grandes rubros de ciberdefensa que debemos mantener:

1) Confidencialidad
2) Integridad
3) Disponibilidad

La confidencialidad consiste en darle acceso a la información solo a la persona correcta, en el momento y lugar correcto. Nótese que no basta con controlar quién recibe la información. El lugar y el momento en que lo recibe también puede ser crítico.

La integridad consiste en evitar que la información sea modificada por gente o máquinas no autorizadas, o que la información sea modificada en forma incorrecta, o en e momento incorrecto.

13

La disponibilidad consiste en asegurar que la información esté disponible para ser utilizada por las personas o máquinas autorizadas cuando lo requieran.

Entonces, en el ámbito de ciberdefensa, absolutamente todas las acciones que tomemos siempre estará enfocadas a defender algunos de estos aspectos de confidencialidad, integridad, y disponibilidad (el triángulo CID).

Ahora, por lógica, si pasamos al ámbito de ciberataque, podemos decir que el objetivo del hacker es lograr violentar el CID de la organización objetivo con las siguientes acciones:

1) Extracción de información (opuesto a confidencialidad)
2) Modificación de información (opuesto a integridad)
3) Denegación de servicio (opuesto a disponibilidad)

A la extracción, modificación y denegación, le llamamos el triángulo EMD.

La extracción consiste en penetrar los sistemas de la organización y obtener información considerada como confidencial.

La modificación consiste en cambiar la información almacenada en los sistemas del contrincante para causar algún tipo de disrupción en sus procesos. La información también puede ser modificada conforme es transmitida.

La denegación de servicio consiste en saturar o apagar los sistemas del contrincante para que no pueda tener acceso a su información.

Más adelante veremos las aplicaciones prácticas de los triángulos CID y EMD.

4) EL CIBERATAQUE

Para poder entender cómo se ejecutan los ciberataques, tenemos que analizar primero qué es lo que permite que dichos ataques existan, o sea, qué es lo que causa las vulnerabilidades que pueden ser atacadas. Podemos decir que hay tres grandes fuentes de vulnerabilidades:

1) La falta de validación de input
2) Las configuraciones inseguras
3) El factor humano

Falta de validación de input

Por "input" nos referimos a la introducción de información en un sistema. El input puede ser hecho por medio de un teclado y pantalla, o puede ser hecho directo de máquina a máquina. Casi todos los programas reciben algún tipo de input de datos. La vulnerabilidad surge cuando el programador comete un error de validación de input. El más común es conocido como "buffer overflow", y ocurre en programas escritos en lenguajes de bajo nivel como C. El buffer overflow ocurre cuando el programador comete un error de programación, y no administra bien el espacio de memoria de una variable. En la sección sobre vectores de ataque analizaremos los exploits más a detalle.

Configuraciones inseguras

Las configuraciones inseguras ocurren cuando los parámetros de los programas están mal configurados. El ejemplo más común es cuando llega un software o appliance nuevo, con usuario y passwords de fábrica como "admin/admin", "admin/password", etc. Hay listas enormes en Internet de usuarios y passwords default. Otras configuraciones inseguras pueden ser que los puertos de USBs o los CD drives corran ejecutables en forma automática, el uso de protocolos de encriptación débiles, o el uso de folders compartidos. De igual forma, hay otras configuraciones inseguras altamente esotéricas, que solo los gurús de Linux comprenden.

El factor humano

El factor humano es fundamental en la seguridad informática; simplemente no le podemos poner un firewall en la mente a una persona. Podemos entrenarlos, pero siempre serán el eslabón más débil.

Hay dos formas de vulnerar el factor humano. La primera es a través de la ingeniería social. La ingeniería social consiste en contactar a un miembro de la organización objetivo, y convencerlo que nos revele información que nos permita acceder su red. Por ejemplo, un atacante puede llamar por teléfono a un empleado de la organización, haciéndose pasar por un miembro del equipo de soporte, y pedirle que le indique cuál es su usuario y password, ya que los están renovando. Un alto porcentaje de la gente cae a trampas tan sencillas como estas. La segunda forma de atacar el factor humano es teniendo a un agente propio dentro de la organización objetivo por medio de la infiltración.

Vectores de ataque

Aprovechando estas tres grandes fuentes de vulnerabilidades, hay un total de 13 formas de atacar una red, lo que llamamos vectores de ataque. Veamos cada uno de ellos.

Vector 1: Exploits

Un "exploit" es un programa que se aprovecha de una vulnerabilidad en otro programa, para tomar control de un recurso computacional. Por otro lado, una vulnerabilidad es un error de programación dentro de un programa. Todo programa funciona en base a recibir datos (input), procesar datos, y presentar datos (output). Para recibir este input del usuario o de otros sistemas, el programa usa variables. Cuando un valor es asignado a una variable, este valor es almacenado en un espacio de memoria del CPU. El CPU, al ir corriendo el programa, va leyendo estos espacios de memoria, y procesa los valores insertados por el usuario. Los valores de estas variables son generalmente alfanuméricos, y el programa puede realizar todo tipo de operaciones aritméticas o lógicas con los datos proporcionados. Hasta aquí todo bien. El problema ocurre cuando el programador por accidente no valida el tipo de dato que puede recibir una variable, y/o no delimita el espacio asignable a esta variable. Cuando esto ocurre, un hacker puede introducir no un valor alfanumérico, sino su propio programa (exploit). Entonces, cuando el CPU lee ese espacio de memoria, en lugar de simplemente tomar un valor alfanumérico y procesarlo, lee el programa del hacker (el exploit), y lo ejecuta. Y generalmente lo que el exploit hace es permitirle al hacker tomar control remoto de la máquina.

Este error de programación de no validar inputs o no delimitar el espacio de memoria de la variable es ciertamente un error evitable. El problema es que se escriben miles de millones de líneas de código cada año, y aunque solo se cometa un porcentaje bajísimo de errores, estos, multiplicados por tantas líneas de código, se traducen a miles de vulnerabilidades al año en software comercial.

La forma como se descubren vulnerabilidades en software es a través de una técnica llamada "fuzzing". El fuzzing consiste en tomar un paquete de software, e introducir datos alfanuméricos al azar en las variables del programa, hasta lograr resultados inesperados por el software. Si el introducir por ejemplo un valor con un carácter alfanumérico larguísimo causa que un paquete de software se estrelle, quiere decir que muy probablemente tenga una vulnerabilidad de delimitación de espacio de memoria. Entonces el investigador puede proceder a hacer ingeniería a la inversa al paquete de software, para poder determinar exactamente cómo programar un exploit que aproveche esta vulnerabilidad detectada.

Para que una aplicación pueda ser atacada remotamente, debe presentar puertos abiertos por Internet. Si la aplicación no tiene puertos expuestos a Internet, no es vulnerable a ataques remotos, pero sí a ataques locales. Si por ejemplo un hacker toma control de una máquina usando un troyano o algún método similar, desde esa máquina podría tomar control de otras máquinas con vulnerabilidades.

Tres tipos de personas hacen investigación de vulnerabilidades: las que trabajan para la compañía de software en sí, investigadores de seguridad (trabajando en empresas dedicadas a esto, o por su cuenta), y hackers maliciosos.

En cuestión del proceso de ataque con exploits, hay dos formas de realizarlos. El método antiguo ("old school", como se dice en inglés) es programar tu propio exploit, y atacar la aplicación vulnerable. También puedes descargar el código del exploit de la Internet, generalmente programado en C, Perl o Python, y lanzar el ataque en forma semi-manual. Estos dos métodos requieren de un nivel de pericia alta. El otro método es utilizar alguna plataforma de pruebas de penetración. Estas plataformas te permiten automatizar el proceso; la plataforma identifica la vulnerabilidad, te indica cuál es el exploit más adecuado, y lanza el ataque. También se requiere un buen nivel de habilidad técnica, pero no tanta.

Aparte de las vulnerabilidades encontradas en software comercial, otra categoría de vulnerabilidades son las encontradas en aplicaciones web ("web applications").

La vasta mayoría de las aplicaciones web no son paquetes comerciales, sino que son aplicaciones desarrolladas por la empresa misma. Estas aplicaciones web, al igual que las aplicaciones tradicionales, también reciben input, procesan datos, acceden bases de datos, y presentan resultados. Pero están bajo un riesgo mucho mayor, ya que su arquitectura se encuentra totalmente expuesta a Internet.

Hay varias formas de atacar aplicaciones web, pero las dos más comunes son el SQL injection, y el cross-site scripting (xss).

El SQL injection consiste en introducir comandos de SQL en los campos de input de la aplicación web, para ver si la aplicación está programada para filtrar comandos o no. Si el programador cometió el error de no filtrar comandos de SQL de los campos de variables, es posible que el hacker introduzca comandos SQL directamente a las bases de datos de la aplicación web. Esto le podría permitir tanto extraer como modificar datos confidenciales.

El cross-site scripting consiste en introducir comandos de programación (tal como Javascript o HTML) en los campos de variables en una aplicación web. Al hacer esto, el hacker puede por ejemplo hacerle creer a una persona que está visitando un sitio seguro, cuando en realidad está visitando un sitio del hacker, quien le roba ahí su usuario y password. En otro tipo de cross-site scripting más peligroso, el servidor de hecho almacena el código malicioso sin querer, y lo presenta a cualquier persona que navegue al sitio. De esta forma un hacker puede modificar el contenido de un sitio web a su antojo, y robar datos de usuarios que visiten el sitio.

Para defendernos de este vector de ataque, tenemos que implementar scanners de vulnerabilidades que nos ayuden a detectarlas y remediarlas.

Vector 2: Passwords default

Los passwords default son aquellos que vienen pre configurados con los paquetes de software o aparatos que adquirimos. Este es uno de los primeros ataques que intenta un hacker, porque aunque parezca increíble, un porcentaje significativo de administradores de red simplemente no se molestan en cambiar el username y password de fábrica. En Internet hay listas de los usernames y passwords de paquetes de software y aparatos tales como switches, ruteadores, firewalls, conmutadores, teléfonos IP, etc.

Este es un problema operativamente fácil de arreglar; simplemente se cambia el password default y listo. El problema es cuando el administrador de red no está familiarizado con el equipo, y ni siquiera sabe que un paquete de software, o más comúnmente, un equipo de hardware tiene de hecho un password default. Podemos dar como ejemplo los teléfonos IP; todos ellos tienen un pequeño web server para administrarlos remotamente, y muchos de ellos vienen con password default. En más de una ocasión en pruebas de penetración que he hecho, he encontrado teléfonos IP con passwords default. Lo mismo se aplica a impresoras de red, ruteadores, etc.

Vector 3: Brute force de passwords

Ya que los passwords son claramente la llave de acceso a prácticamente todos los sistemas, tiene sentido atacarlos. Hay dos formas: hacer un ataque de brute force, o un ataque de diccionario, que es más refinado. El ataque brute force, o sea de fuerza bruta, consiste en probar todas las combinaciones posibles de un password, algo así como probar "aaaa", "aaab", "aaac", "aaad", etc. Sobra decir que este método es muy lento ya que las combinaciones son muchísimas. La otra opción, que generalmente funciona mejor, es un ataque de diccionario, o sea usando listas de palabras comunes. Este proceso de ataque se puede automatizar.

Y los usuarios no ayudan para nada. En un incidente de hacking reciente , los hackers revelaron los passwords más comunes usados por millones de usuarios. Estos son los 10 passwords más usados por ese grupo de usuarios:

1.   123456
2.   password
3.   12345678
4.   lifehack
5.   qwerty
6.   abc123
7.   111111

---

8.   monkey
9.   consumer
10.   12345

Viendo esto eso obvio por qué los ataques de diccionario funcionan.

Hay administradores de red que creen que son inmunes a los ataques de diccionario, porque tienen configurado sus sistemas para que se bloqueen si hay más de cierta cantidad de intentos fallidos al introducir el password. Y en efecto, si se intenta utilizar un diccionario de miles de palabras en contra de un solo campo de password, éste se bloquea. Pero el ataque no se realiza así. Lo que el hacker hace es probar unos cuantas palabras del diccionario en miles de sitios web simultáneamente. Al hacer esto los sitios web no se bloquean, y simplemente por la gran cantidad de sitios atacados simultáneamente, por pura probabilidad estadística, algunos de esos sitios usan alguno de los pocos passwords probados por el ataque. Después de varios minutos, ya que se resetea el timer de bloqueo de password, el hacker intenta de nuevo (todo en forma automatizada) y así va obteniendo passwords de diferentes sitios y elementos de red expuestos a Internet. Una solución es obligar a los usuarios a usar passwords realmente fuertes, con palabras que no estén en el diccionario, e incluyendo letras, números, y caracteres especiales. Otro método de defensa posible es usar autenticación two-factor, o sea usando un password y un token. Esto se hace con sitios bancarios. Otra solución es el uso de acceso biométrico.

Vector 4: Robo de passwords

Hay dos formas de robar passwords: por medio de ingeniería social, o por medios técnicos. El método de la ingeniería social consiste en contactar a la persona y hacerse pasar por alguien más, y convencerlo de que revele su usuario y password. Un truco común es llamar a la persona por teléfono, y decirle algo como "Hola Juan, habla Pedro de sistemas. Te comento que estamos reconfigurando el sistema X, y necesito que me pases tu usuario y contraseña para borrarlos del sistema y asignarte uno nuevo". Esta llamada tiene muy buena oportunidad de tener éxito, y la única defensa es entrenar a los usuarios para detectar estos engaños. Pero de nuevo, los usuarios no ayudan. Hace unos años se hizo un estudio; se le ofreció a gente en la calle de Liverpool, Inglaterra. El 70% de ellos estuvo dispuesto a revelar su usuario y password a cambio de un chocolate. Peor aún, 34% de ellos revelaron su usuario y password sin siquiera haber sido ofrecido nada a cambio.

La otra técnica para robar passwords es convencer al usuario a visitar un sitio web que parece el original, pero que en realidad es un sitio web falso creado por el hacker. El usuario entra al sitio, que se ve idéntico a su banco, su cuenta de Paypal, o la página de login de la intranet de su empresa. Al ingresar su usuario y password, quien los recibe es el password. El usuario recibe un mensaje de error falso, y sin sospechar nada, asume que la página está temporalmente descompuesta. Esto es lo que se llama "phishing", y lo veremos más adelante.

Hay otro tipo de robo de passwords: cuando un empleado deja a la empresa, pero se lleva los passwords que le dan a acceso remoto a los sistemas. También ocurre que el empleado, sabiendo que va a dejar la empresa, crea sus propios passwords para usar luego, conectándose remotamente para robar o modificar información. A esto se le conoce como un "back door", o "puerta trasera".

Finalmente otro método muy sencillo para interceptar passwords es el aprovechamiento de accesos de WiFi inseguros. El hacker se conecta al punto de acceso WiFi de algún café. Otros usuarios también están conectados, checando su email sin encriptación de passwords, o navegando en http, en lugar de https. Hay paquetes de software especializados en la intercepción de paquetes (sniffers) que constantemente están monitoreando los datos fluyendo por el WiFi, y automáticamente capturan usuarios y passwords.

Vector 5: Intercepción de sesión

En este tipo de ataque (man-in-the-middle-attack), el hacker se pone en medio de la comunicación entre dos computadoras. Recibe los paquetes de la computadora A, los lee para enterarse del mensaje, y luego se los reenvía a la computadora B, quien no se da cuenta que el mensaje fue interceptado.

Este tipo de ataque requiere acceso al canal de comunicación entre las dos computadoras; por lo tanto, el hacker primero tiene que penetrar el perímetro de la red, entrar a la red local, y entonces interceptar la transmisión. Es difícil de hacer, pero es un ataque muy poderoso, porque se pueden interceptar flujos de datos, emails, y hasta transmisiones de voz que viajan en VoIP.

La encriptación es la mejor defensa en contra de la intercepción de sesión. También es importante establecer reglas de firewall robustas; por ejemplo, una regla que permita el tráfico entre todos los aparatos de voz sobre IP, pero que no le de acceso a este tráfico a IPs asignadas a PCs o servidores. De esta forma si una PC es hackeada, no tendrá la capacidad de interceptar el tráfico entre un teléfono IP y un conmutador.

Vector 6: phishing

El phishing consiste en enviar emails con ligas a sitios web falsificados, con la intención de que el usuario crea que está introduciendo su usuario y contraseña en el sitio legítimo de su banco, de su cuenta de Paypal, Hotmail, Facebook, etc.

Todos los navegadores ahora tienen un filtro de sitios de phishing, lo cual protege al usuario hasta cierto punto, ya que los navegadores tardan tiempo en detectar un sitio de phishing y agregarlos a la lista. Los hackers están constantemente creando nuevos sitios falsos y enviando emails, por lo que los primeros en recibir los emails fácilmente pueden caer.

Estos emails de phishing no solo tienen ligas a sitios falsos; también pueden dirigir al usuario a sitios infectados de malware, que pueden descargar troyanos y tomar control de la PC del usuario. Otro método es anexar algún archivo infectado (por ejemplo un PDF).

Cuando el email está específicamente personalizado para el usuario, usando su nombre, referencias a sus conocidos, su trabajo, etc., se le llama "spear phishing" (pesca con lanza).

Hay software y appliances que pueden filtrar algunos de los mensajes de phishing más obvios, pero la única defensa realmente efectiva es educar a los usuarios para que sepan reconocer emails de phishing.

Vector 7: sitios infectados con malware

Hay dos tipos de sitios infectados con malware: sitios hackeados a los que se le agregan scripts maliciosos, o sitios hechos por los hackers mismos.

El usuario, al entrar a uno de estos sitios, activa sin querer un script malicioso, que descarga malware en su computadora. El script puede estar escrito en Javascript, o puede ser un ActiveX, o un applet de Java. Si el navegador usado por el usuario es una versión vulnerable, el script puede tomar control remoto de la PC del usuario.

Otro truco común es pedirle al usuario que descargue cierto plugin para poder ver las fotos o videos del sitio, o para descargar música. Este plugin, claro está, es malware.

Los PDF también pueden llevar scripts maliciosos, y si el usuario está usando una versión vulnerable de Adobe, queda infectado.

Este vector de ataque generalmente viene combinado con una acción de phishing, pero no siempre. También es posible engañar a los usuarios para que naveguen al sitio infectado usando publicidad en línea.

Vector 8: Ataque a aplicaciones web

Las aplicaciones web mal diseñadas son una de las fuentes principales de inseguridad en una empresa. La aplicación web está expuesta a Internet, y los hackers pueden tomarse todo el tiempo del mundo para buscarle vulnerabilidades. Detrás de cada forma está una base de datos, y esto es exactamente lo que el hacker está buscando. Por lo tanto una aplicación web mal implementada le puede dar acceso total al hacker a los datos de la empresa.

La organización Open Web Application Security (OWASP) publica cada año la lista de las 10 vulnerabilidades más importantes de las aplicaciones web (www.owasp.org). De las 10 vulnerabilidades, hay dos que siempre están presentes porque son las más peligrosas: SQL injection, y cross-site scripting. En ambos casos, así como en el caso del vector 1, exploits, el error se origina en el programador, quien olvida validar el input en un campo de la aplicación web.

En el caso de SQL injection, la aplicación mal programada permite que el hacker modifique el SQL query dentro del URL, y la aplicación obedece el comando. Este es un ejemplo.

La siguiente línea de un sitio web mostraría la lista de clientes:

http://www.misitio.com/clientes/clientes.asp?clientid=123

Pero un hacker podría agregar un punto y coma, y un comando de SQL después:

http://www.misitio.com/clientes/clientes.asp?clientid=123;
DROP
TABLE Clientes

Al hacer esto, si la aplicación web no valida la presencia de comandos SQL no autorizados, entonces la base de datos borrará la tabla "clientes". Con este método se pueden introducir todo tipo de comandos SQL para mostrar, modificar, y borrar datos de las tablas.

El cross-site scripting funciona en forma similar; el hacker introduce por ejemplo JavaScript en un campo de la aplicación web. Si la aplicación web salva los datos (por ejemplo en un foro), quien acceda a esa página ejecutará el script malicioso sin querer.

La solución para estos dos tipos de ataque se encuentra principalmente en la prevención. El programador debe implementar prácticas seguras de programación, y asegurarse que su programa cheque cuando instrucciones de SQL o de Javascript sean introducidos en campos que no deben correrlos.

Vector 9: Virus, troyanos y gusanos

Los virus, troyanos y gusanos son malware que infectan computadoras con la finalidad de tomar control de las mismas, destruir datos, o simplemente causar problemas.

Los virus son programas con la capacidad de adherirse a otros programas y auto replicarse. El usuario, al compartir archivos o USBs, puede infectar a otras computadoras. Si no se puede auto replicar, no se le considera un virus. Su función principal es sabotaje, aunque muchos virus son hechos simplemente por hobby.

Los troyanos son programas que parecen inofensivos o que son virtualmente invisibles, pero que le permiten al hacker tomar acciones en la computadora infectada. Estas acciones pueden ser cosas como dar seguimiento a la navegación del usuario para poner publicidad relevante (spyware y adware), capturar usuarios y passwords de sitios visitados, especialmente sitios de banca en línea (key loggers), o convertir a la computadora infectada en una zombie parte de una botnet. Los usuarios pueden descargar juegos u otras herramientas útiles, sin saber que son troyanos.

Los gusanos son programas que tienen la capacidad de propagarse de computadora en computadora a través de la red, aprovechando vulnerabilidades.

Los programas antivirus y antimalware son generalmente efectivos en prevenir estas infecciones. Pero hay un tipo de troyano que no puede ser fácilmente detectado: los troyanos virtuales. Un troyano virtual viene instalado dentro del sistema operativo de una máquina virtual. Si una compañía usa tecnología de virtualización (tal como Vmware) y descarga una máquina virtual de la Internet, es posible que ésta venga con un troyano instalado. Por eso es importante usar máquinas virtuales solamente de fuentes conocidas.

Vector 10: Ingeniería Social

La ingeniería social es el arte de engañar a la gente para lograr extraerles información. El objetivo más común es hacer que revelen sus usuarios y contraseñas, pero también se les puede engañar para que descarguen troyanos, usen CDs o USBs infectados, o simplemente permitir el acceso físico.

Un truco común del hacker es investigar el nombre y teléfono de alguna persona en la compañía a atacar. Entonces le marca y le dice algo como "Hola Juan, habla Pedro de sistemas. Oye estamos reasignando usuarios y contraseñas para el sistema X; ¿me podrías proporcionar los tuyos para darte unos nuevos?". Increíblemente este método tan sencillo funciona muy seguido.

Otro método muy efectivo es enviarle a algún empleado por paquetería un USB que active un troyano a la hora de conectarse. Se le puede enviar una carta a la víctima con cualquier tipo de historia: que es software gratis, que incluye los reportes de ventas, o el presupuesto de algo etc.

Otro truco extremadamente efectivo es mandar hacer decenas (o cientos) de USBs con el logo de la empresa, y que contengan un troyano instalado. Entonces estos USBs se les puede enviar por mensajería a la empresa para que se reparta a los empleados, como si vinieran de marketing. O simplemente se pueden dejar regados por áreas públicas afuera de la empresa, y sin duda un alto porcentaje de los empleados, viendo el logo de su empresa en el USB, tomarán uno, lo conectarán a su computadora, y su computadora quedará infectada.

Con ingeniería social también se puede lograr acceso físico a la red de la compañía. El hacker puede llegar disfrazado de proveedor, y lograr entrar a una sala de juntas o sala de espera. Si hay un nodo de red disponible, se podrá conectar a la red local.

La única defensa en contra de la ingeniería social es el entrenamiento continuo de los usuarios. Ya que esto es muy difícil, este vector de baja tecnología es uno de los favoritos de los hackers.

Vector 11: Ataque Inalámbrico

La gran ventaja de utilizar una red inalámbrica es que estés donde estés en tu oficina, estás conectado. No tienes que andar buscando un nodo de red. La gran desventaja es que tus datos están volando por el aire, y pueden ser interceptados.

Hasta hace poco, el uso de redes inalámbricas era extremadamente riesgoso, porque el protocolo de encriptación usado, llamado WEP, se podía hackear con relativa facilidad. Afortunadamente ha aparecido un protocolo más seguro llamado WPA. No es 100% seguro, pero es suficientemente más difícil de hackear que deja de ser un vector redituable para el hacker, porque toma demasiado tiempo.

El gran problema es que a pesar de que ya hay WPA y WPA2, muchas compañías por ignorancia siguen usando WEP, y están bajo riesgo significativo.

De hecho uno de los hacks más grandes de los últimos años fue el que se hizo en contra de TJ Maxx, en la que se robaron 45 millones de números de tarjetas de crédito . Este ataque se hizo contra la red inalámbrica de una de las tiendas de la cadena; los hackers estaban en un coche en el estacionamiento, usando una antena especial para amplificar la señal inalámbrica de la red, a la cual le inyectaron paquetes hasta que lograron romper la contraseña. Es importante recordar que al usar una red inalámbrica, nuestros datos están fluyendo no solo dentro de nuestras oficinas, sino hacia afuera también. Por eso es importante usar WPA2 y una contraseña fuerte.

Vector 12: Robo Físico de Equipo

Este es un método bastante común, en especial en casos de espionaje industrial. Un hacker que solo busca robar tarjetas de crédito no va a intentar robarse una laptop. Pero alguien contratado para robar secretos industriales, ciertamente que sí.

Una vez que el hacker tiene acceso físico a una laptop, es solo cuestión de tiempo para que rompa la contraseña. Hay software disponible que hace exactamente eso; lo que este software hace es hacer un disco de boot alterno, generalmente en Linux, para arrancar la máquina. Entonces, desde esa instancia, se accede el disco duro, y se extrae el hash de la contraseña. Otras versiones más sofisticadas pueden leer directamente los datos escritos en el disco duro, sin necesidad del password.

La única medida en contra de la pérdida de datos por robo de equipo es la encriptación completa del disco duro. Aún así no es 100% seguro en contra de un atacante realmente determinado. Por eso es importante implementar políticas de protección de datos en la que a los usuarios no se les permita copiar datos altamente confidenciales a sus laptops, y que solo tengan acceso a estos datos en la intranet de la empresa. De esa forma evitamos que los datos salgan físicamente de la compañía.

Vector 13: Acceso físico a la red

El tener acceso físico a la red es el mayor logro del hacker. Con acceso físico y suficiente tiempo, se puede lograr lo que sea en cuestión de extracción y modificación de datos. Afortunadamente es difícil para un hacker el lograr esto, pero ciertamente hay métodos. Uno que ya mencionamos es hacerse pasar por proveedor. Esto le da acceso al hacker, pero no necesariamente mucho tiempo. Otro método, más difícil, es que el hacker se convierta en proveedor de adeveras, o peor aún, en empleado de la compañía. Un método más es sobornar a algún empleado; de esta forma el hacker le puede pedir que instale software, le de contraseñas, etc.

Una técnica avanzada que se puede implementar una vez que se logra el acceso físico es dejar conectada a la red una pequeña computadora en algún lugar escondido. Esta computadora puede estar camuflageada, por ejemplo para que parezca un UPS. Se deja debajo de un escritorio, conectado a la electricidad y a un nodo de red, y el hacker tendrá acceso al mismo vía remota, y por lo tanto acceso irrestricto a la red.

La mejor forma de mitigar este vector es a través de control físico de acceso, revisando bien quién entra a la empresa. Otro método importante es la configuración correcta de los nodos de red. Todo nodo de red que no esté conectado a un equipo, debe ser desactivado desde el switch. Muchas compañías tienen todos los nodos activos, y además con DHCP. Esto le facilita mucho las cosas al hacker.

Las ciberarmas

Existen varios tipos de software que usan los hackers para ejecutar las acciones de extracción, modificación y denegación:

1) Escaners
2) Analizadores de tráfico
3) Generadores de paquetes
4) Crackers de passwords
5) Crackers inalámbricos
6) Malware
7) Exploits
8) Rootkits
9) Inyectores
10) Sitios infectados
11) Botnets

Veamos cada uno de ellos.

1) Escaners

El escaner permiten al atacante descubrir vulnerabilidades en una red, que luego pueden ser atacadas con otras ciberarmas (como los exploits) para tomar control de máquinas. El escaner lo que hace es que envía paquetes de TCP y UDP a las IPs de la red, para ver cuáles puertos responden a la comunicación. Mediante esta respuesta, el escaner detecta los puertos abiertos, y qué tipo de software tiene instalado. Sabiendo el tipo de software, se coteja con una base de datos de software vulnerable, y se genera un reporte. También hay escaners para detectar vulnerabilidades en aplicaciones web. Este tipo de escaner navega la aplicación web, crea un mapa de la misma, y revisa si existen errores de manejo de input que luego puedan ser atacados con un inyector.

2) Analizadores de tráfico

El analizador de tráfico se instala en una máquina hackeada, para detectar todo el tráfico que está pasando por ese segmento de red. Si el tráfico no está cifrado, se puede obtener información valiosa, inclusive los usuarios y passwords de otras máquinas. Es como si se instalara un micrófono que escucha toda la conversación que ésta ocurriendo en el protocolo TCP/IP.

3) Generadores de paquetes

El generador de paquetes sirve para crear y enviar paquetes TCP y UDP dentro de la red objetivo, con el propósito de probar las configuraciones de firewalls y sistemas de prevención de intrusión.

4) Crackers de passwords

El cracker de passwords tiene la capacidad de conectarse remotamente a una máquina vía protocolos de comunicación como ssh o ftp, e intentar miles de combinaciones de usuarios y passwords. Para esto, puede usar diccionarios de passwords, o hacer un ataque de fuerza bruta. Los diccionarios de passwords contienen passwords default típicos, así como palabras comunes usadas como passwords. Por otro lado, el ataque de fuerza bruta consiste en probar combinaciones alfanuméricas en serie, tal como aaaa, aaab, aaac, aaad, etc.

5) Crackers inalámbricos

El cracker inalámbrico sirve para descubrir los passwords utilizados en puntos de acceso WiFi. Esta ciberarma es una combinación de hardware y software. Se requiere un hardware especializado, ya que el ataque consiste en enviar paquetes de comunicación inalámbrica al punto de acceso bajo ataque, y para generar tales paquetes se requiere un pequeño aparato que se conecta a un puerto USB de la laptop del atacante. Entonces se detecta el punto de acceso objetivo, y se le envían comandos que desconectan a todos los usuarios que están accediendo ese punto. Las máquinas de los usuarios automáticamente se reconectan al punto de acceso, y en el proceso envían paquetes encriptados que contienen el password de ese punto de acceso. Esta información es interceptada por el cracker, y luego el software analiza los paquetes hasta que encuentra el password.

6) Malware

El malware es cualquier tipo de software malicioso. Las categorías principales son los virus, los gusanos, y los troyanos. Los virus tienen la capacidad de copiarse a sí mismos e infectar otras máquinas cuando se comparten archivos entre ellas. Por otro lado, los gusanos se propagan en forma autónoma vía conexiones de red. Los troyanos por otro lado, son programas que se instalan en una máquina sin el conocimiento del usuario, ya sea porque el usuario lo descargó creyendo que era un programa útil, porque el hacker activamente lo instaló, o porque se descargó en forma automática al visitar un sitio web infectado. Un troyano le da al hacker acceso remoto a la máquina de la víctima.

7) Exploits

El exploit es un código de software que puede ser inyectado en software que presente una vulnerabilidad, dándole al hacker acceso y control remoto a la máquina. Es un ataque difícil de realizar desde el punto de vista técnico, pero es uno de los más poderosos, porque si se detecta una vulnerabilidad en un puerto expuesto a Internet, le permite al hacker el acceso remoto y control total de la máquina.

8) Rootkits

El rootkit es un tipo de software que se instala una vez que se ha logrado el acceso a una máquina, siempre y cuando se tenga permiso de administrador. Siendo administrador de la máquina, se puede instalar el rootkit, el cual le permite al hacker mantener el control de la máquina, y además es virtualmente invisible, o sea no puede ser fácilmente detectada su presencia. No solo eso, sino que el rootkit, teniendo privilegios de administrador, es usado para hacer invisible a otros paquetes de software maliciosos, los cuales permiten el robo y o modificación de información en la red.

9) Inyectores

El inyector nos permite introducir códigos de SQL o Javascript a aplicaciones web, para así lograr acceso a las bases de datos detrás de la aplicación. Al hacer esto, las tablas de la base de datos pueden ser leídas, modificadas, o totalmente borradas.

10) Sitios infectados

El sitio infectado es usado para descargar código malicioso en la máquina del usuario. Cando el usuario navega por el sitio infectado, éste descarga algún tipo de programa que le da al hacker control del navegador. Si el navegador es vulnerable, el programa malicioso del hacker puede tomar control del mismo, y descargar un troyano.

11) Botnets

Una botnet es una red de cientos o miles de computadoras controladas ilegalmente por un hacker. El hacker toma control de estas máquinas por medio de troyanos, convirtiéndolas en PCs "zombies", con la capacidad de controlarlas remotamente. Las botnets, que pueden llegar a tener hasta cientos de miles de PCs infectadas, son usadas primariamente para dos cosas: el envío de emails de publicidad (spam), o para hacer ataques de denegación de servicio, haciendo que todas las PCs visiten simultáneamente un sitio web, para saturarlo e impedir su uso.

El ciclo de ciberataque

Vamos a ver ahora paso a paso cómo se realiza un ciberataque. El ciclo típico consiste de los siguientes pasos:

1) Exploración inicial
2) Mapeo de red y usuarios
3) Escaneo de puertos externos
4) Identificación de vulnerabilidades
5) Ataque a vulnerabilidades
6) Elevación de privilegios
7) Instalación de rootkit
8) Análisis de tráfico y escaneo de puertos internos
9) Avance por la red interna
10) Monitoreo y extracción

Analicemos en qué consiste cada uno de estos pasos.

1) Exploración inicial

En este paso, el atacante hace un estudio inicial del objetivo. Puede obtener información del sitio web de la organización, y obtener emails, contactos, rangos de IPs, y cualquier información relevante. Con esa información se pueden obtener más detalles de miembros de la organización usando redes sociales. Don estos datos el atacante prepara su plan de acción.

2) Mapeo de red y usuarios

El atacante genera una lista de todas las IPs y aplicaciones web expuestas a Internet, y una lista de todos los usuarios de la organización cuyos emails haya obtenido. Esta es la superficie de ataque expuesta hacia el exterior.

3) Escaneo de puertos externos

El atacante utiliza un escaner para detectar todos los puertos abiertos en las IPs externas de la organización, y detecta qué vulnerabilidades están presentes en esos puertos. Las vulnerabilidades pueden consistir en software atacable por exploits, o puede ser que tengan usuarios y passwords fáciles de adivinar. Después puede utilizar un escaner de aplicaciones web para detectar oportunidades de realizar inyección de SQL o Javascript en las mismas

---

4) Identificación de vulnerabilidades

Con los reportes generados por los escaners, se listan las vulnerabilidades presentes en los puertos externos y aplicaciones web. Conociendo las vulnerabilidades, el atacante sabe qué exploits utilizar, o qué tipo de inyecciones de SQL o Javascript realizar.

5) Ataque a vulnerabilidades

El atacante utiliza una plataforma de inserción de exploits para atacar las vulnerabilidades detectadas. También puede utilizar los usuarios y passwords default encontrados para tomar control de las máquinas. Alternativamente, si tiene información de contacto e emails de miembros de la organización objetivo, puede enviarles emails infectados con troyanos, o engañarlos para que visiten un sitio web infectado, y así tomar control de sus máquinas. Otra forma de atacar a los usuarios es a través de ingeniería social.

6) Elevación de privilegios

Una vez que el atacante tiene el control de una máquina, su objetivo es obtener el máximo nivel de permisos posible, hasta nivel administrador si lo puede lograr. Esto lo puede lograr si la cuenta que controló presenta ciertos errores de configuración.

7) Instalación de rootkit

Como acabamos de ver, el rootkit le permite al atacante permanecer oculto en la máquina hackeada, e introducir otros programas en forma prácticamente invisible.

8) Análisis de tráfico y escaneo de puertos internos

Una vez que la máquina está bajo su control, el objetivo del atacante es avanzar a través de la red interna. Lo primero que hace es instalar software de análisis de tráfico (también conocidos como sniffers). El objetivo de este paso es el observar pasivamente qué tipo de tráfico se mueve por la red, para así detectar qué IPs se están comunicando, y en qué protocolos. De igual forma, si se están transmitiendo passwords en forma insegura, el atacante los puede interceptar. Una vez que el atacante tiene una idea del ambiente de comunicaciones alrededor de la máquina hackeada, puede proceder a instalar un escaner para escanear las IPs que estén en el mismo segmento, y ver si tiene puertos vulnerables. Este paso se debe realizar con mucho cuidado, porque si la red tiene un sistema de detección de intrusión, detectará el tráfico sospechoso.

9) Avance por la red interna

Ya que detectó puertos vulnerables en otras máquinas, el atacante procede a insertar exploits en dichas máquinas, y tomar control de las mismas.

10) Monitoreo y extracción

Dependiendo de las intenciones del ataque, en este paso el atacante puede quedarse monitoreando el tráfico para detectar algo interesante, o comenzar a extraer información valiosa.

5) LA CIBERDEFENSA

El objetivo de defender una red es proteger la confidencialidad, integridad, y disponibilidad de los datos contenidos en la misma. Esto es difícil, porque las acciones que tomemos para proteger la confidencialidad y la integridad de los datos automáticamente reducen la disponibilidad, y viceversa. Si quisiéramos un nivel de confidencialidad máxima, fácil, simplemente encriptamos los datos, los desconectamos de la red, y los encerramos en una caja fuerte reforzada en un sótano de concreto. Así tenemos 100% de confidencialidad. Pero también tenemos 0% de disponibilidad. Nos podríamos ir al otro extremo; para lograr una disponibilidad de los datos de 100%, lo publicamos todo sin contraseña en un sitio web público; pero obviamente la confidencialidad sería 0%.

Entonces el arquitecto tiene el difícil trabajo de lograr un equilibrio razonable entre las tres variables de confidencialidad, integridad y disponibilidad (el cual es diferente para cada conjunto de datos), y bajo un presupuesto generalmente limitado.

Porque esa es la otra variable importante: el presupuesto. Si tuviéramos recursos ilimitados, compramos todo el software y hardware habido y por haber, y un equipo de decenas de ingenieros monitoreando cada login y cada paquete fluyendo por la red. Pero eso no lo podemos hacer en la vida real.

Por lo tanto, debemos tomar en consideración dos principios estratégicos fundamentales de la ciberdefensa: el principio de "Defensa en Profundidad", y el principio del "Oso".

El concepto de "Defensa en profundidad" consiste en poner varias barreras redundantes alrededor de los datos que queremos proteger. Esto tiene dos grandes ventajas. Primero, si falla una línea de defensa, la siguiente línea bloqueará el ataque. Segundo, aunque el hacker sea muy hábil, cada línea de defensa le consume tiempo. Si un objetivo representa una inversión de tiempo y esfuerzo demasiado grande, es más probable que el hacker desista en su ataque. Lo que nos lleva al siguiente principio estratégico.

El principio del "Oso" está basado en el dicho de que si te viene persiguiendo un oso, no tienes que correr más rápido que el oso, sino más rápido que tus compañeros. En otras palabras, debemos endurecer nuestra red no al 100%, sino endurecerla más que otras compañías, así la inversión en tiempo y esfuerzo del hacker es poco productiva, en comparación con otras empresas. Si otras empresas u organizaciones presentan objetivos más fáciles para el hacker, menos chance de que nos hackeen a nosotros. Es todo cuestión de análisis de inversión vs. riesgo.

Otro punto importante es que hay diferentes tipos de atacantes, y debemos ajustar nuestra defensa de acuerdo al riesgo presentado por éstos. Podemos decir que hay cuatro tipos de atacantes:

1) Cibercriminales
2) Hacktivistas
3) Ciberterroristas
4) Naciones

El objetivo del cibercriminal es robar información que pueda ser rápidamente convertida en efectivo, o sea generalmente números de tarjeta de crédito y acceso a cuentas bancarias. Con menos frecuencia, el cibercriminal intentará robar información de propiedad intelectual para revenderla.

El objetivo del hacktivista es ejercer presión política en contra de gobiernos o compañías, a través de la inserción de mensajes políticos en sitios web públicos, o la denegación de servicio.

Por otro lado, el objetivo del ciberterrorista es lograr denegaciones de servicio de servicios de alto impacto económico, ya sea sistemas financieros y de telecomunicaciones, o peor aún, logrando el acceso a sistemas SCADA y causando daño en el mundo físico a través de la manipulación de equipos industriales.

Finalmente, las naciones se espían entre sí continuamente en el ciberespacio.

Software de ciberdefensa

Hay varios tipos de software que podemos utilizar para implementar nuestra ciberdefensa:

1) Switches y ruteadores

2) Firewalls
   - a) De red
   - b) Personales
   - c) WAFs
   - d) De bases de datos

3) Software antimalware
   - a) En PCs y servidores
   - b) Detección en sitios web

4) Sistemas de detección de intrusión

5) Análisis de tráfico

6) Honeypots

7) IPS Inalámbrico

8) Rastreadores
   a) Ejecutable
   b) De pixel

9) Sistemas de administración de vulnerabilidades
   a) Administración de vulnerabilidades
   b) Cumplimiento con normas
   c) Detección de vulnerabilidades en aplicaciones web
   d) Detección de vulnerabilidades en navegadores
   e) Análisis manuales de vulnerabilidades no
   comerciales

10) Software de prevención de pérdida de datos

11) Data masking

12) Analizadores de integridad de archivos

13) Encriptación y tokenización

14) Software forense

Veamos ahora en detalle cada uno de ellos.

1) Switches y ruteadores

Los switches y ruteadores dirigen el tráfico dentro de una red, y entre diferentes redes. Es la primera línea de defensa, ya que su configuración correcta evita que un atacante pueda moverse libremente por los segmentos de una red. Si la configuración es incorrecta, el atacante que haya tomado control de una máquina podrá ver el tráfico en todo el segmento de red, y moverse con mayor libertad por la misma.

2) Firewalls

Los firewalls son programados para dejar pasar cierto tipo de tráfico, y bloquear otro. Estas reglas de acceso se puede especificar desde nivel puerto y protocolo, hasta nivel aplicación. Por ejemplo, es común permitir que el puerto 80 y protocolo http tenga acceso de salida. De igual forma, se pueden limitar las aplicaciones y sitios web que pueden ser usados. También se puede determinar cuáles IPs tienen acceso a qué otras IPs. De esta forma se puede limitar el tráfico interno de la red para que los usuarios no tengan acceso a servidores que contengan información confidencial. Hay varios tipos de firewall:

a) De red: el firewall normal que se utiliza para regular el tráfico entre IPs internas e IPs externas.

b) Personales: son firewalls instalados en las PCs de los usuarios, y sirve para regular el tráfico entre esa máquina y las demás. Generalmente viene integrado con software antimalware.

c) Web Application Firewall: este tipo de firewall se encuentra entre las aplicaciones web y la Internet. Su objetivo es evitar la inyección de comandos de SQL y Javascript y otros tipos de ataque desde la Internet.

d) De bases de datos: es un firewall que se encuentra enfrente de las bases de datos, y regula el acceso a las mismas, previniendo inyecciones de SQL desde la red interna.

3) Software antimalware

Como vimos, el malware es todo tipo de software malicioso, tal como virus, gusanos y troyanos. El software antimalware nos ayuda a detectarlos y prevenir que causen daños. Existen dos tipos:

a) En PCs y servidores: es el software antimalware que instalamos en las máquinas locales de nuestra red.

b) Detección en sitios web: existen servicios en línea que nos permiten detectar si nuestros sitios web han sido infectados con malware que pueda estar infectando las máquinas de la gente que los visita.

4) Sistemas de detección de intrusión

Los sistemas de detección de intrusión monitorean continuamente el tráfico que fluye por la red. Generalmente este tráfico tiene patrones normales de comportamiento, con respecto a los protocolos, qué IPs se comunican entre sí normalmente, y qué tipo de datos se envían. En el momento de que un atacante comienza a hacer algo sospechoso (por ejemplo escanear puertos), el sistema de prevención de intrusión detecta este comportamiento anómalo, y emite una alarma. Algunos sistemas también tienen la capacidad de bloquear este tráfico sospechoso.

5) Análisis de tráfico

Los sistemas de prevención de intrusión no pueden detectar todo el tráfico sospechoso, porque a veces éste se comporta en forma normal desde el punto de vista del protocolo y patrones de comunicación. El software de análisis de tráfico le permite a un analista revisar los patrones de comunicación para buscar cosas que su inteligencia humana (a diferencia de la inteligencia de máquina del sistema de prevención de intrusión) encuentre sospechoso. Por ejemplo, tal vez el sistema de prevención de intrusión no tenga una regla indicando que la transferencia de datos de cierto servidor, a ciertas horas, no es normal. Pero tal vez el analista intuya que no lo es y revise a detalle en qué consiste. Este tipo de software también se usa con fines forenses, ya que el tráfico se puede grabar para análisis posterior a un ataque. El software genera reportes indicando cuáles IPs se comunicaron entre sí, a qué horas, y usando qué protocolos o programas.

6) Honeypots

Una red tiene en cualquier momento muchas direcciones IP que no han sido asignadas a ninguna máquina. Por lo tanto, si se genera tráfico dirigido hacia IPs no asignadas, podemos deducir que es tráfico sospechoso, posiblemente de un atacante, porque el atacante no tiene forma segura de saber cuáles IPs están asignadas y cuales no, y puede enviar datos a IPs sin asignar en su proceso de exploración de la red. El software de honeypot lo que hace es generar máquinas virtuales y asignarlas a estas IPs. De esta forma, cuando llegan paquetes de tráfico a estas IPs sin asignar, se activa una alarma. Los honeypots pueden ser de baja interacción, o alta interacción. Los de baja interacción simplemente detectan cuando les llegan paquetes de comunicación y activan una alarma. Por otro lado, los de alta interacción simulan sistemas completos, y hasta pueden incluir datos falsos, con el objetivo de obtener información de cómo está actuando el atacante y así poder sacarlo de la red.

7) IPS Inalámbrico

El objetivo principal de un sistema de prevención de intrusión inalámbrico es evitar que se instalen puntos de acceso inalámbricos ilegales dentro de la organización. A veces un empleado decide instalar su propio punto de acceso inalámbrico sin autorización. Esto representa un riesgo, porque es posible que el punto de acceso no esté configurado en forma segura, y que su señal llegue hasta el exterior del edificio, donde puede ser accedido por un atacante. También muchos teléfonos celulares tienen la capacidad de convertirse en puntos de acceso inalámbricos. El IPS inalámbrico consiste en una consola central de administración, y una serie de sensores instalados en el edificio de la organización, los cuales detectan la presencia de puntos de acceso inalámbrico, y los califican como legales, ilegales, o externos (de edificios vecinos). En base a esto, procede a neutralizar el tráfico de los puntos de acceso ilegales.

8) Rastreadores

a) Ejecutable
b) De pixel

Un rastreador ejecutable es una subrutina que el programador puede agregar a un programa que esté en fase de diseño y que por lo tanto no haya sido liberado aún. Si el programa es robado por hackers, en el momento de que el hacker lo ejecute, la subrutina del rastreador se comunica con un servidor establecido por el programador, alertándolo de que el programa ha sido extraído ilegalmente.

El rastreador de pixel es un una línea de código que se le puede agregar a una imagen. En el momento de que la imagen es abierta en un navegador, este código llama a un servidor para producir un solo pixel dentro de la imagen. Ese pixel no se nota. Entonces si la imagen es extraída de la red y abierta por el hacker, el administrador de la red puede recibir una alerta.

9) Sistemas de administración de vulnerabilidades

La administración de vulnerabilidades consiste en detectar software vulnerable, o configuraciones inseguras, y priorizar su reparación. La reparación puede consistir en instalar un parche de software, o cambiar alguna configuración en la máquina. Tenemos los siguientes tipos de procesos:

a) Administración de vulnerabilidades
b) Cumplimiento con normas
c) Detección de vulnerabilidades en aplicaciones web
d) Detección de vulnerabilidades en navegadores
e) Análisis manuales de vulnerabilidades no comerciales

Uno de los grandes retos de la administración de vulnerabilidades es mantener actualizadas todas las versiones de software en la red. Constantemente se están descubriendo nuevas vulnerabilidades, y hay que cotejarlas con el software que tenemos instalado. Luego, hay que priorizar correctamente la urgencia de cada vulnerabilidad, para poder enfocar nuestros recursos limitados a reparar las que presenten mayor riesgo. Para esto se puede utilizar un scanner de vulnerabilidades. El scanner levanta un inventario del software instalado en la red, y luego procede a cotejarlo con una base de datos de vulnerabilidades reportadas. Para poder darle prioridad a cada vulnerabilidad detectada, hay que saber el nivel de criticidad de cada servidor. Una vulnerabilidad puede ser de alto riesgo, pero si el servidor donde se encuentra dicha vulnerabilidad no contiene información crítica, entonces esa vulnerabilidad es menos urgente. De igual forma, si el servidor contiene la información más sensible de la organización, todas las vulnerabilidades deben ser reparadas cuanto antes, independientemente de su nivel. De igual forma, un servidor que tiene varios puertos abiertos está bajo mayor riesgo de ataque que un servidor que tiene pocos, y por lo tanto requiere mayor prioridad.

Un servidor puede tener todo el software actualizado, y aún así presentar vulnerabilidades en la forma de configuraciones inseguras. Por ejemplo, puede tener passwords default, o folders compartidos, o procesos inseguros. Para mitigar este riesgo, se puede utilizar un scanner de cumplimiento de políticas. Este scanner revisa cada máquina y genera un reporte indicando cuáles son las políticas inseguras.

Las aplicaciones web presentan riesgos de seguridad constantes, ya que por un lago generalmente están expuestas a la Internet, y por el otro lado están conectadas a bases de datos de la empresa. Además, muchas empresas no tienen la disciplina de usar un ciclo de desarrollo de software formal, y muchas veces hacen modificaciones directamente a la aplicación web en producción, introduciendo errores y vulnerabilidades. La organización Open Web Application Security Project (www.owasp.org) tiene una clasificación de las 10 vulnerabilidades más importantes en aplicaciones web. Las dos más importantes es SQL injection, y cross-site scripting, las cuales ya vimos en la sección de vectores de ataque. Para detectar este tipo de vulnerabilidades se utiliza un scanner de aplicaciones web. Lo que el scanner hace es intentar hacer una inyección de SQL o de Javascript, los cuales son inocuos en sí, pero prueban la capacidad de la aplicación web de manejar errores de input. Si la aplicación web responde con un mensaje de error, quiere decir que es vulnerable, y el scanner lo reporta. Ahora, los scanners de aplicaciones web solo pueden detectar estos tipos de vulnerabilidades en forma confiable; sigue habiendo vulnerabilidades que no se pueden detectar con un scanner, y tienen que ser revisados manualmente.

Uno de los vectores de ataque principales son los navegadores. Esto se debe a que los usuarios pueden ser engañados para que visiten sitios web infectados con malware, o que habrán archivos maliciosos enviados por email. Además es común que los navegadores y sus plugins presenten vulnerabilidades, y no hayan sido actualizados en mucho tiempo. Un scanner de navegadores checa que el navegador y sus plugins estén actualizados.

Finalmente es importante tomar en cuenta que si se tienen aplicaciones hechas a la medida (programadas en cualquier lenguaje) estas pueden presentar vulnerabilidades, pero no pueden ser detectadas por scanners comerciales. Para detectar vulnerabilidades en este tipo de software, hay que hacerlo manualmente, exactamente como lo hacen los investigadores de vulnerabilidades y los hackers. El proceso consiste en utilizar un fuzzer, el cual es un programa que le mete ruido a las variables del programa siendo analizado, para ver si marca errores. Hay compañías de consultoría de seguridad que pueden proveer este servicio de análisis.

10) Software de prevención de pérdida de datos

El software de prevención de pérdida de datos analiza constantemente los datos que fluyen por la red. Si detecta patrones de datos específicos, emite una alerta. Estos patrones de datos pueden ser por ejemplo números de tarjeta de crédito, números de cuentahabientes, o documentos con la palabra "confidencial". Se puede utilizar expresiones regulares para agregar cualquier patrón de datos deseado.

11) Data masking

El software de data masking filtra el acceso a tablas de bases de datos, de tal forma que un usuario tenga acceso a solo a ciertos campos y no a otros. Por ejemplo en una base de datos de clientes, es común dar acceso a empleados a los campos de nombre, dirección, teléfono, etc., pero no dar acceso al campo de número de tarjeta de crédito, o saldo total en la cuenta.

12) Analizadores de integridad de archivos

Es casi imposible que un hacker entre a un sistema sin modificar algún archivo de configuración. El analizador de integridad de archivos nos permite detectar cuando un archivo haya cambiado sin autorización.

13) Encriptación y tokenización

La encriptación es el uso de algoritmos para enmascarar datos. Por regla general, todos los datos sensibles que estén almacenados en la red deben de estar encriptados, y toda la transmisión de datos sensibles debe ser hecho por protocolos seguros. Para ejecutar los procesos de encriptación, se puede utilizar un ecryption appliance. Esta solución puede encriptar bases de datos y archivos en almacenamiento y en transmisión, así como los emails.

La tokenización consiste en sustituir datos sensibles por un número que lo identifica. De esta forma los datos pueden ser manipulados, sin revelar su contenido real. Esta técnica es usada principalmente para la transacción de tarjetas de crédito. La emisora de tarjetas de crédito puede asignarle un token (un valor numérico) a una tarjeta de crédito, agregando dígitos específicos a la transacción (en dónde es la compra, la fecha, etc.) De esa forma la transacción solo es válida en ese momento. Si el token es robado por un hacker, no tiene forma de utilizarlo, por lo que no tiene ningún valor fuera del contexto de la transacción. Usando tokens, la empresa puede llevar la contabilidad de sus ventas por tarjeta de crédito, y cuando llega el momento de cobrarle a la emisora, transmite solo el token y el sumario de transacciones. Un hacker no podría simular esta transacción.

14) Software forense

Hay una gran variedad de software forense para análisis de crímenes cibernéticos. Hay software para reconstruir archivos borrados, analizar registros, analizar uso de memoria, analizar tráfico, etc. Para fines específicos de investigación de incidentes de intrusión, la herramienta más útil es el software de análisis de tráfico, configurado para guardar información histórica. De esta forma si se detecta un incidente como la modificación o extracción de información, se puede revisar el récord de tráfico de las IPs afectadas, y analizar cómo fluyó el tráfico de control del hacker, y el tráfico de extracción. Otra herramienta muy útil es el software de análisis de memoria, la cual sirve para detectar la presencia de malware en el RAM de las máquinas.

Las pruebas de penetración

Una prueba de penetración consiste en contratar a un equipo de hackers éticos para que "ataquen" nuestra red y revelen sus vulnerabilidades. Estos ejercicios son extremadamente útiles, y casi en el 100% de los casos, los hackers éticos descubren vulnerabilidades que no habíamos detectado.

Se recomienda que se hagan pruebas de penetración por lo menos trimestralmente, y si es posible, mensualmente. Un problema común con las pruebas de penetración es que comúnmente las empresas limitan artificialmente el alcance de las mismas, restringiendo la prueba a solo ciertas IPs. El hacer esto reduce totalmente la efectividad de la prueba de penetración. Se le debe permitir a los hackers éticos hacer cualquier cosa para lograr el acceso a nuestra red (excepto denegaciones de servicio), porque si ellos no lo hacen, los hackers malos sin duda lo harán.

6) DISEÑO DE LA ARQUITECTURA DE SEGURIDAD INFORMATICA

El diseño de una arquitectura de seguridad informática es conceptualmente sencillo, pero operativamente puede llegar a ser muy complejo. Uno de los problemas fundamentales es la cantidad de normas disponibles, y su énfasis en la documentación. La documentación de políticas y procesos ciertamente es importante, pero no a costa del objetivo principal: mantener la confidencialidad, integridad, y disponibilidad de la información en nuestra red. Por lo tanto, la filosofía de arquitectura que proponemos está enfocada en fines pragmáticos como primer plano, y en documentación como segundo plano.

Metafóricamente, hay dos formas como ver la arquitectura de seguridad de una red: la fortaleza, y la flota. La fortaleza es una arquitectura basada en la creencia de que tenemos una "muralla", o sea un perímetro, que es prácticamente impermeable, y por lo tanto todos nuestros servidores están básicamente seguros. Un alto porcentaje de empresas sigue pensando que siempre y cuando tenga firewalls y antivirus, está prácticamente segura.

La segunda forma de ver la arquitectura de seguridad es como si fuera una flota: cada servidor está flotando en forma independiente en el "mar" como si fuera una nave. Toda la flota va junta, se comunica entre sí, pero se da por hecho que el enemigo se puede mover entre las naves, interceptar la información, y hasta abordar naves vulnerables.

Por lo tanto podemos ver que la diferencia principal entre la visión de la fortaleza y la visión de la flota es que la primera asume que el tráfico interno de la red es seguro, mientras que la segunda asume que el tráfico dentro de la red es muy probablemente inseguro. Y generalmente esta es la postura correcta.

Como comienzo de nuestro diseño de arquitectura de seguridad informática, usaremos los siguientes preceptos:

1) Nuestro primer objetivo es evitar que los intrusos entren a nuestra red, sin embargo, asumimos que de vez en cuando entrarán.

2) Por lo tanto, nuestro segundo objetivo es que si entran a la red, no dejar que tomen control de los servidores y demás máquinas. Sin embargo asumimos que a veces lo harán.

3) Por lo tanto, nuestro tercer objetivo es que si lograron entrar y controlar alguna máquina, no los dejaremos salir. Al bloquear el tráfico de salida del hacker, éste no podrá controlar el malware que haya instalado, y no podrá extraer datos.

Entonces estos son las tres preceptos de nuestra estrategia de profundidad: prevenir la intrusión al perímetro, prevenir la pérdida de control de servidores, y prevenir el tráfico de salida.

En resumen podemos decir que toda solución de seguridad informática debe de ayudar a cumplir uno o más de los tres objetivos de confidencialidad, integridad y disponibilidad, y al mismo tiempo seguir uno o más de los tres preceptos de arquitectura: seguridad del perímetro, seguridad de los servidores, y control del tráfico de salida.

En forma general, el primer precepto arquitectónico, prevención de intrusión del perímetro, se realiza por medio de firewalls, software de prevención de intrusión, y software antivirus y antimalware. El segundo precepto, prevención del abordaje de servidores y demás máquinas, se hace a través del análisis y remediación de vulnerabilidades, y a través del cumplimiento de políticas. Si un servidor no tiene software vulnerable, y tiene todas las políticas correctamente configurables, es extremadamente difícil, si no imposible, de hackear. Y finalmente el tercer precepto, control de tráfico de salida, se hace también por medio de firewalls, analizadores de tráfico, y software de prevención de pérdida de datos.

Como mencionamos anteriormente, hay una gran cantidad de metodologías de seguridad informática: NIST, COBIT, ITIL, ISO, etc. De todas estas metodologías, la que más recomendamos es el ISO 27001. Esta metodología contiene controles muy completos, y documentación extremadamente detallada. El cumplimiento del ISO 27001 reduce por mucho el riesgo informático. Sin embargo, la desventaja principal de esta metodología es que es muy laboriosa de implementar, ya que requiere documentar todos los controles en forma detallada para poder pasar la certificación. Si la empresa ya tiene un buen proceso de control de seguridad informática, y tiene los recursos humanos para dedicarlos al cumplimiento del ISO 27001, sin duda debe hacerlo. Por otro lado, si la empresa apenas comienza a formalizar su proceso de seguridad informática, y/o no tiene los recursos humanos, debe enfocarse en una metodología más pragmática. Por esto, lo que recomendamos es que se implementen primero los 27 Controles Críticos (que vamos a detallar a continuación.) Una vez que hayamos diseñado una arquitectura en base a estos controles, nos será más fácil luego ir migrando hacia el ISO 27001.

En este libro nos concentraremos en una arquitectura en base a los 27 Controles Críticos. Estos 27 Controles Críticos, o metodología 27CC como abreviación, consisten en una serie de controles altamente pragmáticos, cuya implementación es relativamente rápida, y reduce por mucho el riesgo informático. Vamos a revisar cada uno de ellos, y luego veremos el método de su implementación.

Los 27 Controles Críticos

Control 1: Firewalls, Ruteadores, y Switches

Vectores de ataque que previene: 1-Exploits; 13-Acceso físico a la red.

Tipo de software utilizado: software de administración de firewalls ("firewall management")

El arma de prevención de intrusión por excelencia es el firewall. Como todos sabemos, el firewall separa el interior del exterior de nuestro perímetro; es la compuerta que deja entrar y salir a datos y usuarios de acuerdo a reglas establecidas. Sin firewalls estaríamos totalmente expuestos a hackeo inmediato. Ahora, con simplemente poner un firewall y unas cuantas reglas básicas no es suficiente. Para nuestro modem personal que tenemos en casa las reglas son sencillas: permite la salida de http y https, y no permitas la entrada de nada. Pero en nuestra organización las reglas son mucho más complejas, y tenemos más de un firewall. El mayor riesgo en estos casos es que las reglas se pongan tan complejas, y tengan tantas excepciones, que no sepamos con certeza qué tipo de tráfico y qué IPs tienen qué permisos. Esto es lo que debemos observar.

Además de los firewalls, tenemos nuestros ruteadores y switches. Configurados adecuadamente, representan una línea de defensa importante. Por ejemplo la configuración de las VLANs en la red local hace la diferencia entre acceso irrestricto para un hacker, o hacerle el trabajo muy difícil.

Existe la creencia en algunos administradores de red que si ya tienen su firewall, están seguros; su red no podrá ser vulnerada por hackers. Y nada está más alejado de la realidad. Regresando a la metáfora de la fortaleza, si visualizamos a nuestro firewall como una muralla, en efecto, la muralla nos protege del "ataque terrestre" del hacker. Pero no nos protege del ataque "aéreo": phishing y sitios infectados con malware.

Si el hacker le envía al usuario un email con un PDF infectado, y si la computadora del usuario tiene una versión vulnerable de Adobe, entonces el hacker podrá tomar control de la computadora, y el firewall nada podrá hacer al respecto. De hecho el programa del hacker se conectará de la computadora vulnerada a la computadora del hacker fuera de la red vía http, y el firewall lo permitirá sin problemas.

Dentro de este control podemos implementar 9 procesos específicos:

a)   Prueba de efectividad de firewalls
Existe software de auditoría de firewalls que permite verificar en forma automática las reglas de los firewalls. El software puede hacer pruebas dinámicas para ver cómo se comportan los patrones de tráfico al atravesar los firewalls.

b)   Análisis de vulnerabilidades a elementos de red
Aparte de la configuración de reglas en los firewalls, debemos escanear a todos los elementos de red para detectar vulnerabilidades en sus sistemas operativos. Estos scans se pueden realizar con scanners de vulnerabilidades. Hablaremos sobre los detalles del escaneo de vulnerabilidades más adelante.

c)   Implementación de VLANs

La implementación de VLANs en los switches limita el libre tránsito de un hacker si penetra la red. Cuando se tienen subredes demasiado generales, el hacker, al vulnerar una computadora, puede ver el tráfico de toda la subred ya que hay un broadcast de paquetes a todas las IPs; analizando el tráfico puede ver qué otras máquinas están presentes en la red, y de ahí atacarlas. Al dividir nuestra red en redes virtuales, o VLANs, reducimos significativamente el dominio del broadcast de paquetes, por lo que el hacker solamente puede ver los paquetes que fluyen dentro de la VLAN donde se encuentra, reduciendo así el riesgo de que detecte otras IPs vulnerables. De igual forma, las IPs de usuarios que requieren acceso a servidores con datos confidenciales se pueden poner en la misma VLAN, de esa forma las IPs de los servidores con estos datos valiosos solo pueden ser contactados por esas IPs (al menos que en el firewall les des permiso a otras IPs.) Las ventajas de seguridad son claras, sin embargo muchas empresas desestiman el uso de VLANs. Sí hay técnicas para brincarse de una VLAN a otra; a esta técnica de hacking se le conoce como "VLAN hopping". La técnica consiste en usar un paquete de software de emula ser un switch; entonces el hacker puede inyectar paquetes dentro de la red física, emulando ser de la VLAN1 aunque esté en la VLAN2. No se nos olvide que las VLANs son por definición virtuales, por lo que sí son manipulables a nivel paquete. Entonces no es una línea de defensa perfecta; pero recordemos que el objetivo es la defensa en profundidad: poner muchas piedras en el camino del hacker, para hacer el ataque extremadamente difícil e improductivo.

d)   Desactivación de nodos de red no utilizados

Es fundamental tener un catálogo de todos los nodos de la red, y tenerlos todos desactivados por default, y solo irlos activando conforme ciertos equipos lo vayan requiriendo. Tampoco hay que usar DHCP en forma generalizada; usar IPs estáticas es más laborioso, pero también más seguro. Si se requiere usar DHCP para un conjunto de empleados que van y vienen, hay que poner ese rango de IPs en su propia VLAN. Si se tienen a clientes, proveedores o invitados que entren a la organización y requieren Internet, se sugiere que adquirir un servicio de banda ancha aparte y darles acceso inalámbrico a la misma; de esa forma su tráfico no toca la red.

e)   Implementación de DMZ

Todos los servidores de correo, web, ftp, proxy, VoIP, o cualquier otro servidor que tenga una IP pública, debe estar en la red perimetral, también conocida como la DMZ. Con eso nos aseguramos que estos servidores, que están bajo ataque constante, estén en su propia red, y que si ésta es vulnerada, el hacker no pueda penetrar a la LAN.

f)   Documentación de reglas de ingreso y egreso

El software de auditoría de firewalls permite visualizar en forma jerárquica todas las reglas de los firewalls en la red, y cómo funcionan estas reglas en conjunto. De esta forma estamos seguros que las reglas cumplen con su cometido, y que no hay reglas redundantes que afecten el desempeño de la red. Un proceso muy importante consiste en revisar periódicamente las reglas del firewall, y desactivar aquellas reglas que ya no están en uso.

La forma como se recomienda ordenas las reglas es en 5 grupos :

i.   Reglas de bloqueo ("deny") globales: En estas reglas tienes todos los protocolos que nunca se permitirán, y las conexiones entre IPs prohibidas (tal como "any to any").

ii.   Reglas de acceso ("allow") globales: En estas reglas están todos los protocolos permitidos a todo el mundo, tal como http outbound y DNS, como ejemplos.

iii.   Reglas para computadoras específicas: Aquí tenemos interacciones específicas entre IPs con IPs internas y externas. Por ejemplo, aquí se pueden poner las reglas que restringen el acceso a los servidores importantes a solo ciertas IP que requieren el acceso.

iv.   Reglas para IPs específicas, URLs específicos, protocolos especiales.

v.   Reglas para todo lo demás.

Debemos poner especial atención a las reglas en los grupos 3, 4, y 5, que son las que podrían cambiar con el tiempo.

g)   Automatización del control de cambios
El administrador de red o seguridad informática está siempre bajo presión de los usuarios para abrir puertos, y permitir accesos a ciertas IPs y URLs. A veces estos cambios están justificados, y a veces no. Pero lo importante es que tengas un proceso formal para hacer estos cambios. El software de auditoría de firewalls te permite llevar un control de cambios sobre las reglas y configuraciones, para evitar la creación accidental de reglas inseguras, o que reglas que violen las normas establecidas por la empresa.

h)   Implementación de VPN para accesos remotos

El objetivo de implementar una VPN es darle acceso remoto a nuestra LAN al usuario, generalmente empleados o socios de negocios. Aquí el riesgo que enfrentamos es que si la computadora del usuario es vulnerada, el hacker puede tener acceso a nuestra LAN. Entonces la primera consideración es que el rango de IPs que estés usando para la VPN debe de tener permisos mínimos de acceso dentro de la LAN. Obviamente esto se aplica a toda computadora, aún las que están conectadas físicamente dentro de la compañía, pero es importante estresar que las computadoras que están conectadas por VPN no están dentro del perímetro de seguridad, o sea que no están protegidas por los firewalls, así que hay que considerarlas como un mayor riesgo. De hecho se deben considerar a las IPs que entran por VPN como si fueran una DMZ. Así que hay que configurar el firewall para darle acceso a los usuarios de VPN solo a las IPs que realmente necesitan acceder (como la intranet, por ejemplo), y solo a los protocolos que requieren usar. Si por ejemplo los usuarios de la VPN solo necesitan acceso a la intranet de la empresa, entonces hay que permitir http y https, pero no permitir ningún otro protocolo. Como medida extra de seguridad, se puede implementar un firewall separado para la red VPN, exactamente como una DMZ.

Por otro lado, el hardware para VPNs puede presentar vulnerabilidades. Ese punto lo cubriremos en el control 8, escaneo y remediación de vulnerabilidades.

i)   Análisis de bitácoras de firewalls
El firewall nos sirve no solo para bloquear accesos, sino para detectar intrusiones y hacer análisis forense después de un ataque.

La herramienta principal para detectar intrusiones dinámicamente es nuestro sistema de IPS/IDS. Pero hay cosas que el IPS no puede detectar. Por ejemplo, si una computadora se infecta con un troyano, y ese troyano intenta salir por http a su servidor de control, el IPS tal vez no lo detecte, porque el http outbound está permitido. Pero si al analizar las bitácoras del firewall se ve que hubo varias computadoras tratando de conectarse a una IP en China a las 2am, entonces es posible que algo ande mal. Por eso es importante hacer un análisis manual y minucioso, diario, de las bitácoras. Y conforme se vaya viendo comportamientos inusuales que no se habían previsto, se pueden ir incluyendo en las reglas de firewall y del IPS. Por ejemplo en el caso del troyano, sabiendo que ninguno de los usuarios tiene nada que hacer visitando IPs en China, entonces en el firewall se bloquean todos los rangos de IP de ese país.

Otra cosa que se ve en las bitácoras de firewall son los intentos continuos de acceso de los hackers. Toda IP pública está bajo una lluvia constante de escaneo de puertos; hay cientos de miles de hackers allá afuera, con programas automáticos, escaneando los puertos de todos los rangos de IPs, buscando aperturas. En general no hay que preocuparse por ese "ruido". Pero si se detecta en las bitácoras intentos constantes de conexión de ssh a una IP que tiene un login vía ese protocolo, entonces se sabrá que están tratando de romper el password de esa IP, o sea que ya es un ataque específico, el cual requiere acción preventiva, tal como bloquear permanentemente la IP de origen en el firewall.

Una técnica avanzada usada por hackers sofisticados es "desensibilizar" las defensas de nuestra red. Harán escaneos y ataques de bajo nivel constantes a nuestras IPs y URLs. Al principio esto activará alarmas, pero el ataque de bajo nivel continuará varios días, y nos acostumbramos y decidimos que "no pasa nada". Entonces dentro de ese ruido, el hacker comenzará un ataque real. Hay software que ayuda a analizar las bitácoras, pero hasta ahora nada sustituye a la deducción de una mente humana.

Control 2: Implementación segura de DNS

Vectores de ataque que previene: 1-Exploits
Software utilizado: scanner de vulnerabilidades

Si la organización tiene pocos usuarios y poco tráfico de http y correo, lo más recomendable es usar alguno de los DNS públicos disponibles, tal como el de Google DNS (http://code.google.com/speed/public-dns/), u OpenDNS (http://www.opendns.com/). En teoría estos dos servicios son más seguros que usar los DNS del proveedor de Internet, simplemente porque son compañías grandes y conocidas, con millones de usuarios. Si hay un incidente de hacking a estos servidores de DNS, todo el mundo se enterará inmediatamente. Lo cual no es necesariamente el caso con los DNS de tu proveedor de Internet. Si usas DNS públicos, su seguridad no son tu problema, más allá de mantenerte informado de su status.

Por otro lado si tu organización tiene suficiente tráfico hacia Internet, seguramente tienes tus propios servidores DNS instalados, ya que las resoluciones de direcciones se guardan en el cache, y funcionan más rápido. Si este es tu caso, el riesgo al que te enfrentas el llamado "DNS hijacking", o sea cuando el hacker toma control de tu servidor de DNS, y adquiere la capacidad de redirigir tu tráfico a los sitios que el hacker quiera. Tu usuario podría entonces poner en su navegador el URL de su banco en línea, y el tráfico sería redirigido a un sitio idéntico, excepto que bajo control del hacker, quien le robará el usuario y password, o peor aún, hacer un ataque "man in the middle", el cual podría hasta interceptar los datos del token bancario.

Veamos ahora los procesos específicos de este control:

a)   Escaneo de vulnerabilidades en servidores DNS

El ataque a un servidor DNS se hace exactamente como a cualquier otro servidor; por lo tanto el primero control que debemos implementar es el escaneo y remediación de vulnerabilidades, para evitar que sea atacado mediante un exploit. Tanto el sistema operativo del servidor, como el software de DNS mismo, pueden presentar vulnerabilidades. El software de escaneo de vulnerabilidades te permitirá detectar y remediarlas.

b)   Endurecimiento de servidores DNS

El endurecimiento de un servidor en general consiste en cambiar las configuraciones default para que sean más seguras. Este es un proceso general que veremos en el control 9, pero hay procesos de endurecimiento específicos para servidores DNS. El proceso más conocido es checar el cache para verificar que no haya sido modificado ilegalmente ("cache poisoning"). El software de análisis de vulnerabilidades y cumplimiento con normas ("policy compliance") te ayuda a automatizar totalmente todos los procesos relacionados al endurecimiento del DNS.

Control 3: Administración de passwords

Vectores de ataque que previene: 2-Password default; 3-Ataque bruteforce a passwords; 4-Robo de passwords

Software utilizado: scanner de vulnerabilidades, autenticación two factor.

Siendo este uno de los vectores de ataque más usados, hay mucho que hacer para mitigar su riesgo.

Sus procesos son los siguientes:

a)   Escaneo de vulnerabilidades en passwords

Este proceso consiste en escanear tus servidores para detectar la presencia de passwords default o fáciles de adivinar. El scanner de vulnerabilidades hace esto automáticamente, pero generalmente hay que configurarle el diccionario de passwords correcto, ya que éste puede cambiar de país en país. Cada que el scanner detecta una forma que acepta passwords, prueba todos los passwords default relevantes, y el diccionario de ataque, para ver si logra acceder.

b)   Escaneo de políticas de passwords

Este es un proceso que se realiza con el scanner de cumplimiento de políticas. El scanner detectará cosas como listas de usuarios con passwords en blanco, los permisos de acceso de los usuarios, la política de longitud mínima de password, la política de frecuencia de caducación de passwords, política de bloqueo de passwords, etc.

c)   Eliminación de passwords default

Aparte de eliminar los passwords default al encontrarlos durante un scan, este proceso consiste en eliminarlos en cuanto el hardware o software es adquirido.

d)   Uso de autenticación two factor en servidores

Para todo servidor que contenga información realmente valiosa, implementa login mediante autenticación two factor, o sea usando password y un token, o acceso biométrico.

e)   Uso de autenticación two factor en PCs
Ya hay muchos modelos de laptops que vienen con un lector de huella digital; ve sustituyendo tus modelos actuales por estos modelos con autenticación biométrica.

Control 4: Inventario de hardware

Vectores de ataque que previene: 1-Exploits
Software utilizado: scanner de vulnerabilidades, software de administración de redes

A veces ocurre que un usuario instala su propio servidor en la red de la compañía; o trae un modem inalámbrico y lo instala si autorización. O más complicado aún, instala Vmware o alguna otra plataforma virtual en su computadora, y se pone a descargar aplicaciones virtuales de la Internet. Estas aplicaciones serán virtuales, pero desde el punto de vista de seguridad, representan exactamente el mismo nivel de riesgo que el hardware físico. Una máquina virtual tiene un sistema operativo y aplicaciones reales, las cuales pueden venir vulnerables; además la máquina virtual tiene una IP, por lo que en teoría puede ser hackeada. Por lo tanto, las máquinas virtuales deben ser parte del inventario de hardware.

Veamos ahora sus procesos:

a)   Levantamiento de inventario de hardware en la red

Un scanner de vulnerabilidades te puede hacer un mapa completo e inventario de tu hardware; también puedes usar software de administración de redes. Marca el hardware autorizado, y genera reportes para todo hardware que no esté en tu lista autorizada. Para servidores y equipos de red, no uses DHCP, sino IPs estáticas. En tu inventario de hardware lleva una correlación entre el hardware y su IP asignada. Así podrás correlacionar el hardware con los permisos de firewall del equipo físico.

b)   Desactivación de hardware no autorizado

Desactiva todo hardware que no esté autorizado. Te recomiendo que establezcas políticas firmes en cuestión de la instalación de hardware sin autorización. Una forma de controlarlo es no usar DHCP, y administrar con cuidado la asignación de IPs. Además, es recomendable que no permitas el uso de máquinas virtuales sin autorización, ya que trae vulnerabilidades a la red, y además pueden venir infectadas con troyanos virtualmente indetectables. El scanner de vulnerabilidades puede detectar la presencia de Vmware y otros paquetes de software de virtualización, y puede detectar máquinas virtuales corriendo.

Control 5: Inventario de software

Vectores de ataque que previene: 1-Exploits

Software utilizado: scanner de vulnerabilidades, software de administración de redes

Mantener un inventario de software actualizado es mucho más difícil que mantener el inventario de hardware, por la simple razón que los usuarios pueden descargar e instalar software en sus PCs.

Ahora revisemos sus procesos:

a)   Levantamiento de inventario de software en la red
Este levantamiento se hace usando el scanner de vulnerabilidades. El scanner tiene la capacidad de conectarse a la computadora, y ver la lista de software instalado en la computadora. Entonces se puede generar un reporte de software no autorizado.

b)   Desinstalación de software no autorizado
Este proceso tiene un componente proactivo y uno reactivo. En forma proactiva, cuando instales nuevo hardware, haz un scan para ver qué software viene de fábrica, y desinstala todos los paquetes que no vayan a ser utilizados; entre menos software, menor la superficie de ataque. En forma reactiva, en base al reporte de levantamiento de inventario de software, desinstala el software que haya sido agregado en la red sin autorización.

Control 6: Inventario de puertos y servicios

Vectores de ataque que previene: 1-Exploits
Software utilizado: scanner de vulnerabilidades

En cuestión de puertos y servicios (protocolos) usados en una red, hay una distinción clara entre los protocolos que se deben permitir, y los que nunca deben estar activos. Por ejemplo, el telnet es un protocolo inseguro, sustituido hace mucho por ssh, por lo que no debe ser permitido en tu red. De los protocolos permitidos, algunos son más vulnerables a ataque que otros, por lo que la filosofía debe ser: protocolo que no tenga un uso específico, hay que prohibirlo.

Veamos ahora los procesos relacionados a este control:

a)   Levantamiento de inventario de puertos y servicios
Este levantamiento se hace con el scanner de vulnerabilidades. Genera un reporte de todos los puertos y servicios detectados en tu red. Hay protocolo que obviamente debes permitir (http, dns, smtp, etc.) y otros que obviamente debes eliminar (telnet, irc, etc.), pero habrá otros que no estás seguro para qué se están usando. Checa las computadoras que estén usando estos servicios desconocidos, y ve qué aplicación los está usando. Luego coteja con tu inventario de software para ver si ese paquete está autorizado o no.

b)   Desactivación de puertos y servicios innecesarios
Hay dos procedimientos: primero remueve el software no autorizado que esté activando esos puertos y servicios. Después, asegúrate de bloquear en tus firewalls todos los protocolos que estén estrictamente prohibidos en tu red. De esta forma la próxima vez que un usuario instale un software no autorizado con servicios no autorizados, el firewall los bloqueará. En caso de duda, bloquea el servicio.
Seguramente el usuario te hablará para ver que pasa, y te enterarás inmediatamente de la instalación no autorizada del software.

Control 7: Inventario de GUIs

Vectores de ataque que previene: 2 – Passwords default; 3-
Ataque bruteforce de passwords

Software utilizado: scanner de vulnerabilidades; sniffer de
tráfico.

Las interfaces web (GUI, "graphical user interface") que
aceptan usuarios y passwords son una clara vulnerabilidad.
Sin duda tienes bien identificadas las GUI de tus aplicaciones
web. El problema es que muchas veces ciertos paquetes de
software y hardware vienen con pequeños servidores web
para su administración, y vienen activados por default. Por
ejemplo la mayoría de los teléfonos VoIP tienen integrado un
servidor web de administración; cuando conectas el teléfono y
le asignas una IP, al acceder esta IP en el puerto 80, puedes
ver la GUI del teléfono, que generalmente viene con un
password default, y por lo tanto fácilmente hackeable.

El único proceso es el siguiente:

a)   Inventario de las interfaces web en la red
El primer paso es correr scans para detectar qué IPs tienen
los puerto 80 y 443 abiertos. Toda interface web de login usa
generalmente https, y a veces http. Generalmente estos
protocolos corren en los puertos 443 y 80 respectivamente,
pero no siempre; a veces los servidores web de
administración activan puertos inusuales. Entonces, también
debes hacer análisis de tráfico periódicos con un sniffer de
tráfico, o analizando las bitácoras de tu firewall, para ver qué
IPs están transmitiendo http y https.

En forma proactiva, cada vez que instales hardware y
software nuevo, checa la documentación para ver si trae una
GUI.

Control 8: Escaneo y remediación de vulnerabilidades

Vectores de ataque que previene: 1-Exploits; 8-Ataque a aplicaciones web

Software utilizado: scanner de vulnerabilidades; software de virtual patching

Recordando lo que mencionamos en la sección de vectores de ataque, una vulnerabilidad es un error de programación que le permite a un hacker el introducir su propio programa en una variable del programa vulnerable, tomando así control de la máquina en cuestión. El escaneo de vulnerabilidades detecta a estos programas con un alto grado de precisión, y nos indica cómo remediarlas.

Estos son los procesos relacionados con este control:

a)   Escaneo de vulnerabilidades
Hay dos categorías de escaneo de vulnerabilidades: escaneo a software normal, y escaneo a aplicaciones web. Estos escaneos son radicalmente diferentes, por lo que procederé a explicar cada uno.

La forma como un scanner hace la detección de vulnerabilidades en software normal es conceptualmente muy sencillo. Hay dos tipos de scans que podemos realizar: autenticado, y sin autenticar. Cuando el scan se hace sin autenticar, lo que el scanner hace es detectar qué puertos tiene activos la máquina escaneada. En base a los puertos abiertos, deduce qué software relacionado a esos puertos está instalado. Luego, coteja una base de datos de vulnerabilidades, y si el software instalado corresponde con algún software reportado como vulnerable, lo indica en el reporte de resultados. Sin embargo, el escaneo sin autenticar es menos preciso que el escaneo autenticado, ya que al tratar de detectar el software instalado usando solo como base los puertos abiertos, puede haber más errores, o sea falsos positivos. Por eso, el método más preciso y recomendado es el escaneo autenticado. En este tipo de escaneo, el scanner tiene su propio usuario y password en la máquina a ser escaneada. Entonces hace login en forma automática, y checa la lista de software instalado. Entonces procede a cotejar esta lista de software instalado con la base de datos de software vulnerable, y en base a esto genera un reporte. Al saber exactamente qué software tiene instalada la máquina, por lógica el scan es mucho más preciso. Pero aún así puede haber falsos positivos, ya que software que fue desinstalado o actualizado a veces deja pistas falsas, tal como registros en el registry, o folders instalados, que pueden confundir al scanner. Pero los scanners líderes en el mercado pueden llegar a tener una precisión a nivel 6 sigma, o sea solo 3.4 errores por millón de escaneos, un error siendo un falso positivo o un falso negativo.

El otro tipo de escaneos es a aplicaciones web. Este tipo de scan es activo, en el sentido de que el scanner inyecta códigos de SQL o de JavaScript; si la aplicación web responde con errores, entonces quiere decir que es vulnerable a SQL injection o a cross-site scripting, respectivamente. Por lógica aquí no puede haber falsos positivos, ya que el scanner no está haciendo una inferencia sobre la presencia de cierta versión de un paquete de software, inferencia que puede ser errónea; lo que está haciendo es una prueba activa, sobre la aplicación web en vivo, y ve como responde ésta. En base a su respuesta en vivo se determina si es vulnerable o no.

b)   Remediación de vulnerabilidades de alto riesgo
Una vez que corremos el scan y tenemos los resultados, lo importante es enfocarnos a las vulnerabilidades de más alto riesgo. Generalmente para remediar una vulnerabilidad hay que instalar un parche ("patch"), pero en muchas otras ocasiones hay que desactivar ciertos servicios, desinstalar ciertos software, o simplemente no hay nada que hacer porque el software vulnerable es un 0 day y no hay solución aún.

c)   Remediación de vulnerabilidades de riesgo mediano y bajo

Después de remediar las vulnerabilidades de alto nivel, hay que remediar las de mediano nivel. Las de bajo nivel generalmente no son tan importantes; si tienes tiempo de remediarlas adelante, pero por lógica siempre atiende las de más alto nivel primero. Esto puede sonar obvio, pero a veces el solucionar las de bajo nivel es mucho más fácil, y podemos invertir nuestro valioso tiempo enfocándonos en lo más fácil.

d)   Implementación de patching virtual

Lo que hace el software de virtual patching es recibir el reporte de vulnerabilidades del scanner, y proceder a bloquear el acceso a las aplicaciones que fueron reportadas vulnerables. De esta forma, mientras procedemos a arreglar las vulnerabilidades, que puede tomar horas, días o semanas (esperemos que no meses), la aplicación vulnerable está protegida de ataque. El patching virtual funciona fundamentalmente como un firewall o IPS especializado instalado en servidores y PCs. Este firewall-IPS lo que hace es filtrar cualquier tipo de tráfico malicioso que vaya dirigido a la aplicación vulnerable. Este es un excelente método de mitigar el riesgo de ataque a esa aplicación, mientras el patching permanente es implementado.

Control 9: Endurecimiento de servidores y PCs

Vectores de ataque que previene: 1-Exploits; 2-Passwords default

Software utilizado: scanner de vulnerabilidades

Cuando adquirimos hardware y software nuevo, muchas de las variables de configuración pueden venir parametrizadas en forma insegura. Por ejemplo, las políticas de uso de password pueden ser débiles, o puede permitir el uso de USBs. Otros controles son absolutamente esotéricos, pero no por eso menos importantes. Por ejemplo, el uso del archivo "/etc/csh.cshrc" en Linux define las características del C shell; el acceso a este archivo le permitiría a un hacker el alterar variables en todo el sistema que le permitiría escalar privilegios o el lanzamiento de rootkits; por lo mismo el acceso a este archivo debe ser limitado.

El endurecimiento de servidores y PCs es un proceso difícil, ya que hay literalmente miles de controles específicos que configurar, dependiendo del sistema operativo y software instalado. Afortunadamente este proceso es automatizable con un scanner de vulnerabilidades que tenga la función de cumplimiento con normas ("policy compliance")

Veamos ahora los procesos:

a)   Escaneo de políticas de endurecimiento en servidores
Este proceso consiste en usar el scanner para detectar todas las configuraciones de los servidores. El reporte te indicará cuáles configuraciones son inseguras; procede a cambiar las configuraciones de acuerdo a las instrucciones del reporte.

b)   Escaneo de políticas de endurecimiento en PCs

Este procedimiento es idéntico al anterior, excepto que para PCs.

Control 10: Web application firewall

Vectores de ataque que previene: 8-Ataque a aplicación web

Software utilizado: Web Application Firewall (WAF)

Las aplicaciones web son actualmente uno de los vectores de ataque más comunes, por la simple razón que una aplicación web está abierta al público. Los hackers tienen todo el tiempo del mundo para estarle metiendo datos hasta encontrar una vulnerabilidad. Hay una organización, la "Open Web Application Security Project", conocido como OWASP (www.owasp.org), que publica cada año la lista de las 10 vulnerabilidades más comunes en aplicaciones web. Las dos vulnerabilidades más comunes es el SQL injection, donde el hacker introduce comandos de SQL en búsqueda de acceso a las tablas de la base de datos, y cross-site scripting, donde el hacker introduce comandos de Javascript, con el objetivo de tomar control de la sesión del navegador. Veamos como el web application firewall previene esto.

a)   Implementación de Web Application Firewall
Lo que una web application firewall (WAF) hace es leer los datos que se introducen en una aplicación web. Si ve que los datos introducidos son comandos de SQL o Javascript, los bloquea. En teoría el programador de la aplicación web debería de hacer esta validación a nivel programático, pero como se escriben miles de millones de líneas de código al año, de vez en cuando se va a cometer errores. Para eso instalamos la WAF. Un punto importante es que aunque tengamos una WAF, de todas formas debemos escanear las aplicaciones web directamente, y remediar las vulnerabilidades de origen. Siempre es posible que la WAF falle o sus defensas sean burladas con ataques novedosos que la WAF aún no puede bloquear. De igual forma, el software mismo de la WAF puede ser vulnerado.

Control 11: Protección de bases de datos

Vectores de ataque que previene: indistinto

Software utilizado: Software de prevención de pérdida de datos ("data loss prevention, DLP"), firewall de bases de datos.

Hay dos fuentes de pérdida de datos: primero, las prácticas inseguras de los usuarios. Un usuario sin malicia puede acceder a documentos clasificados, y luego enviarlos a alguien vía email sin encriptar. Y segundo, los hackers que intentan extraer información de la empresa.

La protección de las bases de datos se hace de varias maneras. Primero, hay que asegurarnos que el software mismo no tenga vulnerabilidades (Oracle, SQL Server, mySql, etc.) Segundo, debemos evitar el acceso no autorizado a las bases de datos en sí. Y tercero, debemos de monitorear el flujo de los datos mismos a través de la red.

Estos son los procesos relacionados a este control:

a)   Escaneo de vulnerabilidades en plataforma de bases de datos
Este procedimiento de hecho cae dentro del control 8, escaneo y análisis de vulnerabilidades. El software de bases de datos, como cualquier otro software, puede presentar vulnerabilidades tipo buffer overflow. Ya que las bases de datos contienen lo más valioso en la empresa, siempre se le debe dar prioridad a la remediación de vulnerabilidades en las mismas.

b)   Escaneo de políticas de endurecimiento de bases de datos

---

De igual forma que el proceso anterior, este proceso a su vez cae dentro del control 9, endurecimiento de servidores y PCs. Hay un conjunto de políticas específicas para base de datos que deben ser configuradas a la hora de user el scanner de cumplimiento con normas ("policy compliance"), y de igual forma, su remediación debe tener las más alta prioridad. Estas políticas están enfocadas a la configuración del software de la base de datos con referencia a los permisos de acceso a las tablas, permisos para cambios de configuración, timeouts the conexión, y literalmente cientos de otras políticas, que afortunadamente el scanner checa automáticamente.

c)   Implementación de firewall de base de datos y sistema de prevención de pérdida de datos (data loss prevention, DLP)

El firewall de base de datos y el sistema de prevención de pérdida de datos cumplen funciones complementarias, pero operativamente diferentes. El firewall de base de datos se ubica topológicamente enfrente de la base de datos, filtrando cualquier comando SQL no permitido, y monitoreando y reportando la actividad de la base de datos: tablas accedidas por usuario, datos modificados, etc. Pensarías que con el Web Application Firewall sería suficiente, pero no: si un hacker vulnera la red local sin pasar por una aplicación web, entonces el WAF no previene nada, ya que el hacker tiene acceso a la base de datos vía la LAN. Es en este caso de que el firewall de base de datos bloquea cualquier intento de extracción o modificación de datos. El firewall de base de datos se puede configurar con reglas muy específicas, por ejemplo indicando qué tipo de comandos SQL son permitidos desde qué IPs.

Ahora, mientras que el firewall de base de datos funciona primordialmente a nivel SQL, el sistema de Data Loss Prevention (DLP) detecta el flujo y almacenamiento de datos específicos (datos en reposo). Para detectar datos en flujo, la arquitectura consiste en mandar una copia del flujo de tráfico en la red al appliance o servidor donde está el DLP, para que éste examine los datos. El DLP viene con expresiones regulares ("regular expressions") preprogramadas para detectar patrones conocidos de datos delicados, tal como números de tarjeta de crédito. Y le puedes programar cualquier otra expresión regular para detectar datos específicos de tu empresa. Por ejemplo, los documentos confidenciales de tu empresa pueden ser marcados con la frase "confidencial-para uso interno", y el DLP detectará la presencia de este texto. Puede detectar patrones de datos en cualquier tipo de archivo: Word, Excel, PDF, tablas de bases de datos, emails, etc. Si el DLP detecta flujo de datos clasificados como confidenciales, activa una alerta.

Para detectar datos almacenados, también conocidos como datos en reposo, el sistema de DLP hace un scan a servidores que puedan contener información. Al hacer el scan, busca los patrones de datos determinados, y genera reportes al respecto. Además de correr scans, para el caso de laptops y PCs, se puede instalar un agente que esté monitoreando y reportando la presencia de patrones de datos, y si estos datos son extraídos vía algún protocolo como http, o vía USBs, CDs, etc.

Una subcategoría del DLP es conocida como "data masking", u ocultamiento de datos. Software de data masking toma datos de una base de datos, y solo presenta información selectiva, en base al usuario. Por ejemplo, si una tabla contiene los nombres y tarjetas de crédito de clientes, el sistema de data masking puede ser configurado para que cuando un empleado acceda la tabla vía una aplicación, sólo pueda ver el nombre del cliente y los cuatro últimos dígitos de la tarjeta de crédito, pero no el número completo.

Control 12: Antimalware

Vectores de ataque que previene: 9-Virus, troyanos y gusanos

Software utilizado: software antimalware; scanner de vulnerabilidades

Los virus son el malware más conocido por los usuarios, y en general la mayoría de la gente toma la precaución de instalar un antivirus en su computadora. Al implementar este control, debemos de asegurarnos de que tanto un antivirus como un firewall personal estén instalados.

Veamos los procesos:

a)   Instalación de AV en todas las máquinas
El sistema de antivirus debe incluir antispyware. Se recomienda que tenga un módulo de administración centralizada.

b)   Instalación de firewall personal en todas las máquinas
Cada vez es más común que los paquetes antivirus vengan con un firewall personal incluida.

c)   Escaneo de auditoría de AV y firewall personal
Hay que utilizar el scanner de vulnerabilidades o de cumplimiento de políticas para checar que todas las máquinas tengan el antivirus y firewall personal instalado.

Control 13: Protección de plataformas móviles

Vectores de ataque que previene: indistinto

Software utilizado: software antimalware móvil

El aseguramiento de la plataforma móvil es un gran reto. Los teléfonos celulares y tabletas se han convertido en plataformas por lo menos tan importantes como las laptops y PCs para acceder los datos corporativos, sobre todo el correo electrónico. Sin embargo, en la mayoría de los casos los usuarios ni siquiera se molestan en ponerles passwords a sus teléfonos móviles. Además de el riesgo que se corre si se pierde el equipo, cada vez se incrementa más el riesgo de malware en las plataformas móviles. Ya existen todo tipo de virus y troyanos específicos para cada sistema operativo móvil, y ahora que el Java se usa cada vez más para aplicaciones móviles, aparecerá más malware relacionado a este lenguaje.

Al implementar un sistema de protección de plataforma móvil, es imperativo que tenga un control centralizado desde el cual podamos configurar y monitorear el status de seguridad de los teléfonos celulares de los usuarios. Las plataformas de seguridad móvil más avanzadas no solo te permiten controlar políticas de seguridad básicas como los passwords y la protección en contra de malware, sino que te permiten controlar las políticas basándose en la posición geográfica del teléfono celular. Otras soluciones también incluyen firewall y IPS para el celular.

Veamos los procesos requeridos para mitigar este riesgo:

a)   Implementación de passwords en plataforma móvil
Checa que todos los teléfonos celulares tengan un password configurado.

b)   Protección en contra de malware en plataforma móvil

El malware en plataformas móviles es cada día más común. Existen virus, inclusive virus con la capacidad de propagarse por Bluetooth; pero el riesgo principal son los troyanos. Hay muchas descargas de aplicaciones móviles disponibles, y esto es fácilmente usado para introducir troyanos. Conforme las plataformas móviles se vayan usando cada vez más para realizar transacciones financieras, los casos de malware móvil se irán incrementando. Asegúrate que la plataforma de seguridad móvil que adquieras tenga protección en contra de malware, así como firewall e IPS.

c)   Capacidad de bloqueo remoto
Con este proceso implementado, en el momento de que un usuario te reporte que su teléfono celular fue robado, lo podrás bloquear inmediatamente. Algunas soluciones también te permiten ubicar el celular geográficamente, si éste tiene GPS.

d)   Capacidad de eliminación remota de datos
Al implementar este control, tendrás la capacidad de borrar los datos del teléfono celular remotamente, si no se pudo recuperar.

Control 14: Protección de redes inalámbricas

Vectores de ataque que previene: 11-Ataque inalámbrico

Software utilizado: software de detección y prevención de intrusión inalámbrica

El problema principal de las redes inalámbricas es que los datos están volando por el aire. Esto le da al hacker todo el tiempo necesario para analizar los datos y tratar de romper la encriptación, sentado afuera de tu edificio. Como vimos en la sección de vectores, el protocolo WEP es fácil de romper, por lo que sobra decir que no debe estar presente en ninguna parte de tu red inalámbrica; usa solo WPA o WPA2, y asegúrate que el password sea realmente largo, y con caracteres alfanuméricos. WPA ciertamente es más seguro, pero aún así puede ser hackeado si el password es corto. Un password muy largo y con caracteres poco comunes minimizan por mucho el riesgo. Desde el punto de vista de arquitectura de seguridad, se recomienda que las IPs asignadas a los puntos de acceso inalámbrico estén segregados en su propia VLAN, y las reglas de acceso a la LAN estén bien identificadas y administradas. Si el objetivo de la red inalámbrica es solo darle acceso a Internet a usuarios que se estén moviendo por el edificio, y/o a visitantes, te recomiendo que mejor contrates un servicio de banda ancha con modem inalámbrico que esté conectado a una línea telefónica; de esta forma ese tráfico queda totalmente aislado de tu red local. Si los usuarios conectados a la red inalámbrica requieren acceso a recursos en la red local, lo puedes proveer por VPN, exactamente como si estuvieran conectados remotamente. De esa forma la seguridad la concentras en el punto de acceso de la VPN, y no te tienes que preocupar tanto por la red inalámbrica.

Además del riesgo a nivel protocolo, existe la posibilidad de vulnerabilidades en el software del punto de acceso. Para eso hay que escanear las IPs de los puntos de acceso con el scanner de vulnerabilidades.

Estos son los procesos:

a)   Escaneo de vulnerabilidades en puntos de acceso inalámbricos
El scanner de vulnerabilidades detectará si el software de los puntos de acceso es vulnerable a ataques tipo exploit.
Además el scanner te ayuda a rápidamente detectar las IPs de los puntos de acceso.

b)   Implementación de wireless IPS
Los sistemas de prevención de intrusión inalámbricos (WIPS) están diseñados específicamente para redes inalámbricas, y tienen capacidades que van más allá del IPS en tu LAN. Un WIPS puede tener las siguientes funcionalidades:

- Mapeo de las zonas de cobertura de la red inalámbrica. Esto te sirve para ver si tu red inalámbrica se está desbordando fuera de tu edificio.
- Lista de puntos de acceso no autorizados. Es posible que un usuario traiga su propio punto de acceso para crear su propia mini red inalámbrica. Con esta funcionalidad detectas puntos de acceso no autorizados.
- Muestra qué IPs y direcciones MAC están conectadas a qué punto de acceso. En base a esto puedes crear alertas
- Alerta cuando un usuario se conecta a un punto de acceso no autorizado. Esto previene que un hacker active un punto de acceso afuera de tu edificio y tus usuarios se conecten creyendo que es legítimo. Si esto ocurre, el hacker puede leer el tráfico del usuario conectado.

Control 15: Filtrado de email y sitios web

Vectores de ataque que previene: 6-Phishing; 7-Sitios infectados; virus, troyanos y gusanos

Software utilizado: software antimalware

Los vectores de ataque de phishing y de sitios infectados son muy usados por hackers por la simple razón de que nuestros usuarios son generalmente el eslabón más débil en nuestra cadena de seguridad. Si se le envía un email de phishing bien diseñado a un usuario, las probabilidades de que abra el email y descargue un PDF infectado son extremadamente altas. De igual forma, no es difícil engañar a un usuario para que visite un sitio web infectado con malware. Por otro lado, existe el ataque vía "malvertising", el cual consiste en poner anuncios en sitios de buena reputación, pero los anuncios, que parecen legítimos, llevan al usuario a sitios infectados con malware. Hasta el usuario más sofisticado puede caer en esta trampa.

Estos son los procesos ligados a este control:

a)   Implementación de filtrado de emails
El filtrado de email se usa principalmente para evitar spam, pero los sistemas más avanzados también tienen la capacidad de detectar archivos con virus, emails de phishing, ligas a sitios web inseguros.

b)   Implementación de filtrado de sitios web
Los filtros de sitios web son proxies a través del cual el usuario se conecta a Internet, y bloquea el acceso a cualquier sitio que contenga malware.

Control 16: Sistema de prevención y detección de intrusión

Vectores de ataque que previene: indistinto

Software utilizado: software de detección y prevención de intrusión

Los sistemas de detección y prevención de intrusión funcionan detectando comportamiento sospechoso en el tráfico de nuestra red. Esta detección se hace de tres formas consecutivamente más complejas:

1.   Análisis de protocolo. Este proceso es el más básico, y consiste en revisar las secuencias de paquetes en los protocolos que están fluyendo en la red. Cada protocolo (http, ssh, ftp, etc.) tiene secuencias de paquetes normales; cualquier desviación de éstas puede representar un ataque.

2.   Detección en base a firmas: Este es el proceso más común. Consiste en comparar las secuencias de paquetes con secuencias de ataque conocidas, las cuales se conocen como "firmas" o "reglas". Estas reglas pueden ser muy sencillas, por ejemplo, la regla puede indicar que se debe activar una alarma o bloquear los paquetes, si cierto protocolo está siendo enviado a cierta IP. También se pueden tener reglas que busquen líneas de texto en los paquetes, tal como "/bin/sh". Hay miles de reglas preestablecidas, y tu puedes agregar reglas nuevas relevantes para tus sistemas.

3.   Análisis estadístico: el sistema se deja un tiempo en modo de aprendizaje, para que aprenda qué comportamientos en cuestión de uso de protocolos y flujos entre IPs es normal. Luego, cuando hay una desviación sobre este comportamiento, emite una alarma. Si la alarma la marcas como falso positivo, el sistema aprende del error.

Ciertamente hay técnicas para evadir sistemas de prevención de intrusión, pero no son fáciles de ejecutar, y las compañías que fabrican los sistemas constantemente están actualizando las reglas y algoritmos, haciéndolos más sofisticados e inteligentes. Un sistema de IPS elimina a los hackers amateurs y mediocres de la ecuación, y solo los hackers elite pueden maniobrar con cierto grado de éxito en una red con un buen sistema de IPS implementado.

Este control solo tiene un proceso relacionado:

a)   Implementación de sistema de detección y prevención de intrusión

Control 17: Análisis de bitácoras

Vectores de ataque que previene: indistinto

Software utilizado: software de análisis de bitácoras

Prácticamente todo el hardware y software en tu red genera una bitácora, donde se registran todo tipo de eventos. En las bitácoras quedan registrados eventos importantes para el buen funcionamiento y la seguridad de tu red, pero ya que son tantos datos, esto se tiene que automatizar usando software de análisis de bitácoras. Un hacker talentoso puede evadir tu IPS y establecer una presencia en tu red, y de ahí lentamente y con todo cuidado comenzar a explorar, buscando pacientemente otras vulnerabilidades. Pero aunque evada el IPS, sus acciones, por muy mínimas que sean, serán reportadas de una forma u otra por aplicaciones y hardware, y registradas en bitácoras. El reto es analizar estas bitácoras y descubrir estos patrones poco obvios de intrusión sigilosa.

Veamos sus procesos:

a)   Análisis de bitácoras
El análisis de bitácoras gira alrededor del concepto de correlación de eventos. En términos generales, dos o más eventos pueden estar correlacionados ya sea porque ocurrieron al mismo tiempo, o porque fueron parte de una secuencia lógica. El análisis de bitácoras es un proceso fundamentalmente manual; el software que existe para ayudarnos en este proceso digiere la información y la presenta en forma legible y gráfica, para que un cerebro humano pueda entonces detectar patrones en los datos. Este es un punto muy importante; hay soluciones que activan alertas al detectar ciertos eventos (ver inciso "b"), pero aún no son muy inteligentes. Se requiere una combinación de una o más personas analizando los datos metódicamente, y alertas automáticas.

b)   Alertas de eventos sospechosos

Al implementar este control, nos aseguramos que los eventos de seguridad sospechosos más comunes automáticamente activen alertas de seguridad. El problema de las alertas automáticas es que son demasiado genéricas, por lo que pueden fácilmente generar demasiados falsos positivos. Por eso la importancia de combinar automatización con el análisis inteligente y creativo de la mente humana.

Control 18: Análisis de tráfico

Vectores de ataque que previene: indistinto

Software utilizado: software de análisis de tráfico

El análisis de tráfico consiste en tomar un muestreo del tráfico de datos en nuestra red, para entender principalmente las siguientes variables de los paquetes:
1.   IP de origen
2.   IP de destino
3.   Puerto de origen
4.   Puerto de destino
5.   Protocolo
El análisis de tráfico se hace principalmente como parte de la administración de la capacidad de la red, a través de la mejora de la topología lógica y física. Pero también se puede utilizar con fines de análisis de seguridad.

Estos son los procesos:

a)   Análisis de tráfico
Este proceso es similar al análisis de bitácoras. En teoría, nuestro sistema de prevención de intrusión debería detectar todo tráfico sospechoso, pero no siempre es el caso. A veces un hacker puede ocultar su tráfico muy bien y no activar el IPS. Por eso es necesario que alguien cheque con frecuencia los reportes de análisis de tráfico, y busque IPs de origen y destino inusuales, así como puertos y protocolos que no deberían de estar presentes.

b)   Alertas de tráfico sospechoso
Hay aplicaciones de análisis de tráfico sofisticadas que nos permiten establecer alertas basados no solo en IPs y protocolos, sino también en el flujo de datos de aplicaciones específicas. Por ejemplo, si ciertas aplicaciones comienzan a enviar datos a una IP externa en horas de la noche, puede indicar actividad sospechosa, y activar una alarma.

Control 19: Monitoreo de integridad de archivos

Vectores de ataque que previene: indistinto

Software utilizado: scanner de vulnerabilidades

Cuando un hacker toma control de una máquina, a veces cambia archivos de configuración en el proceso. Si este cambio se hizo fuera del proceso formal de control de cambios, es una señal inmediata de intrusión. De igual forma, si el hacker introduce un paquete de software modificado que contenga software malicioso, el monitoreo de integridad lo detectará.

Este es el proceso relacionado:

a)   Monitoreo de integridad de archivos
El software de monitoreo de integridad de archivos funciona sacando un hash de los datos del archivo o aplicación, y luego periódicamente comparando el hash original con el hash actual. Si éste cambia, el software emite una alarma o reporte.

Control 20: Prevención de pérdida de datos

Vectores de ataque que previene: indistinto

Software utilizado: software de prevención de pérdida de datos ("data loss prevention") y software de ocultamiento de datos ("data masking")

El proceso de prevención de pérdida de datos (data loss prevention) consiste en monitorear los datos en tránsito y reposo, para detectar flujos de datos prohibidos, o almacenamiento de datos inseguros.

Veamos los procesos:

a)   Implementación de sistema de prevención de pérdida de datos
Hay tres tipos de sistemas de prevención de pérdida de datos: de red, de almacenamiento, y de PC.

Los sistemas de red se encuentran posicionados en el perímetro, en los puntos de egreso de datos, y constantemente monitorean los datos saliendo de la red; el sistema se configura con palabras clave; si se detectan estas palabras (tales como "secreto", "estados financieros", "patentes", etc.), se activa la alarma.
Los sistemas de almacenamiento escanean las bases de datos y archivos, determinando la seguridad del almacenamiento; por ejemplo, si detecta que archivos con las palabras clave se encuentran en un servidor ftp, se activa la alarma.

Los sistemas de PC checan si las palabras clave fluyen o son almacenadas en las PCs.

b)   Implementación de dynamic data masking

El proceso de "data masking" consiste en ocultar parcialmente algunos campos de datos, y presentar otros en forma completa. Por ejemplo, si tu organización procesa tarjetas de crédito, dentro de un proceso de datos se puede hacer un ocultamiento parcial del número de tarjeta de crédito, y presentar completo el nombre del tarjetahabiente. De esta forma se pueden crear reglas de acceso a datos a nivel de campo en una tabla de datos.

Control 21: Encriptación de datos en transmisión

Vectores de ataque que previene: indistinto

Software utilizado: software de encriptación de datos

La arquitectura de las redes locales actuales funciona a través de switches o ruteadores, en donde cada máquina se conecta en forma individual al switch; por lo tanto, los datos fluyen de máquina a máquina, casi sin riesgo de intercepción. Es por esto que realmente no es necesario encriptar datos que fluyen por la red local, al menos que sean extremadamente secretos. Lo que sí es requerido es la encriptación de datos cuando éstos viajen por redes externas, específicamente la Internet.

Estos son sus procesos relacionados:

a)   Encriptar datos transmitidos
Si tu organización requiere transmitir datos constantemente entre oficinas o a otras organizaciones, el mejor método es establecer una VPN (virtual private network). A través de la VPN le puedes dar acceso a partes de tu red local a usuarios remotos. Ahora, si el objetivo es solamente proveer acceso a algunos archivos, te conviene más establecer una extranet, usando https y autenticación; es más fácil de implementar y de limitar el riesgo.

b)   Encriptar email

Todos sabemos que los emails que enviamos por la Internet sin encriptar pueden ser leídos en el camino. Desde el punto de vista práctico, es muy difícil encriptar todos nuestros emails, porque para esto tendríamos que tener la llave pública del destinatario, y son pocas las personas que se toman el trabajo de generar una llave pública. Por esto, aunque nosotros tengamos la intención de encriptar nuestros emails, si los demás no cooperan, no funciona. Esto explica por qué casi no se usa la encriptación de email. En lugar de tratar de encriptar el email, debemos asegurarnos de que cuando tengamos que comunicar datos clasificados, lo hagamos por medio de un memo, encriptarlo, y enviarlo como un adjunto en el email, o a través de un servicio de transmisión segura de archivos.

Por otro lado, lo que sí debemos encriptar es la comunicación entre la computadora y el servidor de correo, en casos de que se usen redes inalámbricas. Si un usuario está conectado a la red local vía Ethernet, es poco probable que la comunicación sea interceptada. Sin embargo, si el usuario se encuentra en un punto de acceso de WiFi público, y se conecta con su cliente de email al servidor de correo sin encriptar, el username y password de su cuenta es muy fácil de interceptar. Una táctica común durante pruebas de penetración es sentarse en un café cercano a la compañía objetivo, conectarse al servicio gratuito de Internet inalámbrico, activar un sniffer, y esperar a que los empleados entren y se conecten. Es por esto que es importante que si se usa un cliente de email de web, nos aseguremos que use HTTPS, y si es un cliente tipo Microsoft Outlook, esté configurado para encriptar la comunicación entre el cliente y servidor. De igual forma, se puede utilizar una VPN.

Control 22: Encriptación de datos en almacenamiento

Vectores de ataque que previene: indistinto

Software utilizado: software de encriptación de datos

Las bases de datos contienen la información más importante de tu organización, y la encriptación de datos almacenados es fundamental para su seguridad, ya que no sólo queda protegida de amenazas externas, sino de robo de información interno también.

Veamos los procesos:

a)   Encriptar datos almacenados
Hay dos niveles de encriptación que podemos implementar. Primero, todos las plataformas de base de datos traen su propio proceso de encriptación de las tablas. Esto puede ser suficiente si la información no es confidencial. Segundo, si la información es realmente confidencial, se puede utilizar alguna plataforma de encriptación de base de datos, que le agrega una capa extra de encriptación a las mismas, y una mejor administración de los passwords y privilegios.

b)   Encriptar discos duros de PCs y laptops
Este proceso consiste en encriptar todo el contenido de las PCs y laptops, para evitar la extracción de datos en caso de robo del equipo. De igual forma, el método de acceso recomendado es el biométrico, a través de un lector de huella digital.

Control 23: Defensa en contra de denegación de servicio

Vectores de ataque que previene: indistinto

Software utilizado: soluciones de filtrado de paquetes; servicios de redireccionamiento de tráfico

Una denegación de servicio ("denial of service, DOS"), es un tipo de ataque en el que se lanza una gran cantidad de requerimientos de http (o algún otro protocolo) contra un sitio web, con el objetivo de saturarlo y no permitir que responda a usuarios legítimos. Estos ataques se hacen ya sea por venganza, hacktivismo, o para realizar chantaje económico; un sitio web de comercio electrónico puede perder mucho dinero por cada minuto que está fuera de línea.

Los ataques no son siempre en contra de http o algún protocolo de red; también se pueden hacer en contra de otros recursos del servidor, tal como el espacio de memoria.

Estos son los procesos relacionados con este control:

a)   Monitoreo de uso de recursos en sitios web
Hay que implementar procesos que monitoreen el consumo de ancho de banda, el CPU, y el espacio en disco de los servidores, para detectar a tiempo la saturación en el consumo de recursos. También se debe contratar un servicio de monitoreo de disponibilidad de sitios; estos servicios en línea envían periódicamente requerimientos de http al servidor, y si éste no responde, o tarda mucho en responder, emiten una alerta por email y/o sms.

b)   Implementación en contra de denegación de servicio

Hay dos opciones para defenderse en contra de denegación de servicio. Lo primero que se puede hacer es adquirir un equipo que se instala en la red local, por el cual pasa todo el tráfico de entrada; lo que hace es que analiza el tráfico de Internet, para determinar si los paquetes que están llegando son de ataque, y los filtra. Estos aparatos tienen una alta capacidad de CPU, por lo que es muy difícil que se saturen. La segunda opción es contratar un servicio de filtrado de tráfico. En este caso el dominio a ser protegido es redirigido no a la IP del servidor web, sino a una IP de la compañía que provee el servicio de filtrado. El tráfico llega al centro de datos de esa compañía, quien lo analiza, y filtra los paquetes de ataque, y luego procede a enviar los paquetes legítimos a la IP del servidor web, para que éste responda el requerimiento.

Control 24: Entrenamiento a usuarios

Vectores de ataque que previene: 4-Robo de passwords; 6-Phishing;   7-Sitios infectados; 10-Ingeniería social

Software utilizado: NA

Desgraciadamente no podemos instalar un firewall en las mentes de los usuarios de nuestra red (aún). Lo único que nos queda es entrenarlos continuamente para que no caigan víctimas del phishing y de la ingeniería social.

Una parte del problema es la falta de conocimiento, pero la otra parte del problema es que a muchos usuarios simplemente no les importa la seguridad; no lo ven como un problema para ellos. En Inglaterra hicieron el experimento de ofrecerle un chocolate a la gente que iba pasando por la calle, a cambio del password de acceso de sus redes corporativas. Increíblemente, más del 70% aceptó el chocolate a cambio del password. Obviamente no les importa. Por eso se recomienda la implementación de algún tipo de política de recursos humanos, en la que si se demuestra que hubo un incidente de seguridad por no seguir procedimientos, la persona responsable sea despedida.

Este es el único proceso de este control:

a)   Curso básico de seguridad informática para usuarios

Control 25: Control de acceso físico

Vectores de ataque que previene: 12-Robo físico de equipo; 13-Acceso físico a la red

Software utilizado: NA

Todo flujo de personas debe ser controlado y auditado por medio de tarjetas de acceso. Desde el punto de vista arquitectónico, el mejor diseño es tener las salas de juntas en el área de recepción, para que los visitantes ni siquiera tengan acceso al área de oficinas cuando visiten.

Estos son los procesos:

b)   Control de acceso con autenticación two factor a área de trabajo

c)   Control de acceso con autenticación two factor a área de servidores

Control 26: Pruebas de penetración

Vectores de ataque que previene: indistinto

Software utilizado: software de pruebas de penetración ("pen testing")

Generalmente si tenemos una arquitectura de seguridad sólida, podemos parar 90% de los ataques. Las pruebas de penetración son para detectar esas cuarteaduras en la muralla que representan el otro 10%.

Hay dos formas de realizar las pruebas de penetración: contratar a un pen tester externo, o tener un equipo interno. El tener un equipo interno reamente solo es económicamente viable para empresas grandes, pero esta inversión tiene el potencial de reducir el riesgo tremendamente, ya que se tiene un equipo de hackers éticos constantemente tratando de hackear la red, en tiempo real, y reportando los problemas detectados. Si no se tiene presupuesto para esto, el contratar a un hacker ético externo es la siguiente mejor opción. Se recomienda que las pruebas de penetración se hagan con una frecuencia trimestral, y que no solo sean técnicas, sino también de ingeniería social, que es donde las empresas fallan más.

Estos son los procesos relacionados a este control:

a)	Prueba de penetración técnica

b)	Prueba de ingeniería social

Control 27: Plan de respuesta a incidentes

Vectores de ataque que previene: indistinto

Software utilizado: NA

El último control consiste en implementar un plan de respuesta a incidentes. Este plan no tiene que ser muy complejo (se pueden encontrar guías en Internet); puede tener unas cuantas páginas. El objetivo es tener por escrito los procedimientos a seguir en caso de que ocurran diferentes escenarios de pérdida de seguridad, para que la respuesta sea automática y ordenada, y no se pierda tiempo tratando de decidir qué hacer en el momento de la crisis.

Este es el proceso de este control:

a)   Implementación de plan de respuesta y recuperación de incidentes

Estructura del ISO 27001

Antes de pasar a la metodología de implementación de la arquitectura, daremos un sumario del ISO 27001.
El ISO 27001 está formado por una serie de controles, divididos en las siguientes áreas:

1) Políticas de seguridad
2) Organización de la seguridad de información
3) Administración de activos
4) Seguridad de recursos humanos
5) Seguridad física
6) Administración de comunicaciones y operaciones
7) Control de acceso
8) Adquisición, desarrollo y mantenimiento de sistemas de información
9) Administración de incidentes de seguridad informática
10) Administración de continuidad de negocios
11) Cumplimiento con normas

Cada una de estas áreas tienen uno o más controles que se deben cumplir en forma específica. El documento ISO 27001 lista cada control, y el documento ISO 27002 describe cada control con lujo de detalle. A veces hay confusión entre estos dos documentos; no son normas separadas; realmente son la misma.

El revisar cada uno de los controles de esta metodología va más allá del alcance de este libro, pero es recomendable adquirir ambos documentos en www.iso.org.

La metodología 27CC y ISO 27001 tienen algunas similitudes, y muchas diferencias. Casi todos los 27 Controles Críticos están incluidos en alguna forma dentro del ISO 27001 (aunque con niveles de detalle variables), pero el ISO 27001 va mucho más allá que el 27CC. Como ejemplo, el área de Cumplimiento con normas del ISO 27001 incluye controles de protección de derechos intelectuales e identificación de legislación relevante a la seguridad informática, temas más allá del alcance de los 27CC.

En resumen, el objetivo de los 27CC es lograr el mayor incremento de seguridad informática lo más rápido posible; luego, la implementación del ISO 27001 nos lleva al máximo nivel de seguridad posible, y además a una certificación formal que puede ser comunicada a clientes y socios de negocios.

Veamos ahora la metodología para la implantación de los 27CC.

Metodología de implementación de la arquitectura

Recordemos que los tres objetivos de la seguridad informática es garantizar la confidencialidad, integridad, y disponibilidad de la información presente en nuestra red. Para lograr esto, tenemos tres preceptos arquitectónicos: prevenir que el intruso entre, prevenir que el intruso tome control de máquinas en nuestra red, y prevenir que el intruso salga. Revisando los 27 Controles Críticos, veremos que cada uno de ellos ayuda a cumplir uno o más de los objetivos, utilizando uno o más de los preceptos. Entonces, cada vez que implementemos un control de cualquier tipo, debemos preguntarnos si está cumpliendo alguno de los objetivos de la seguridad informática. Si no lo está, entonces realmente no es un control de seguridad informática.

La metodología de implementación de arquitectura consiste en los siguientes pasos:

1) Selección de controles a implementar
2) Definición del nivel actual de implementación de cada control
3) Identificar proveedores para cada control
4) Pedir presentaciones y demostraciones de cada solución
5) Emitir licitaciones para cada solución
6) Crear Matriz de Análisis de Proveedores (MAP)
7) Selección de soluciones
8) Implementación
9) Proceso de mejora continua

Veamos cada uno de ellos.

1) Selección de controles a implementar

El primer paso consiste en revisar a detalle los 27CC, y decidir si se van a implementar todos o no. Hay algunos que son evidentemente imprescindibles, pero otros no. Depende del arquitecto de seguridad seleccionar aquellos que se implementarán. Además, los 27CC son una metodología, no un estándar de certificación, por lo que no hay problema si se quitan o se agregan nuevos controles. Esto por otro lado no se puede hacer en el ISO 27001, ya que es una norma de certificación, y se tiene que cumplir cada control cabalmente para poder aprobar dicha certificación.

2) Definición de nivel actual de implementación de cada control

En una hoja de Excel hay que listar cada uno de los controles, e indicar su nivel actual de implementación: "sin implementar", "en proceso", "implementado", o "no válido". A cada uno de ellos se le puede asignar un valor numérico, tal como 0 puntos por un control sin implementar, 2 puntos por un control en proceso, y 3 puntos por un control implementado. De esta forma podemos darle seguimiento cuantitativo a nuestro nivel de implementación.

Una hoja de Excel con los 27 Controles Críticos y su nivel de implementación puede ser descargada de http://www.asilatam.org/documentos.html

3) Identificar proveedores para cada control

En este paso debemos identificar dos o más proveedores para cada uno de los controles.

4) Pedir presentaciones y demostraciones de cada solución

No es suficiente con simplemente revisar los sitios web y folletos de cada solución; es muy importante pedir demostraciones y realizar pilotos de las mismas, para conocer a detalle sus capacidades y limitaciones. Si investigamos a detalle cada solución, podremos crear mejores documentos de licitación. Otro punto importante es que en muchas ocasiones, una sola solución nos permitirá cubrir varios controles a la vez. Por eso es importante pedir toda la información posible, y así descubrir toda la funcionalidad de las soluciones.

Un punto muy importante a la hora de hacer pruebas piloto de las soluciones es tomar en cuenta que una solución puede funcionar muy bien en un ambiente de prueba de unos cuantos servidores, pero no funcionar para nada en un ambiente real con miles de servidores, y en cambio constante. Por esto, la prueba piloto tiene que ser lo más cercano a un ambiente de producción como sea posible.

5) Emitir licitaciones para cada solución

La estructura del documento de licitación es fundamental para agilizar el proceso de selección de soluciones. El documento debe contener las siguientes secciones:

a) Descripción de la necesidad de negocio.
 Para el o los controles en cuestión, se indica a detalle cuál es el requerimiento. Por ejemplo, para el Control 8, Escaneo y remediación de vulnerabilidades, podemos indicar que se requiere "un sistema capaz de detectar vulnerabilidades en la red, generar reportes, y administrar el flujo de trabajo de remediación."

b) Criterios de selección.

Se debe listar todos los criterios que se utilizarán para la selección de la solución. Es importante enfocarse en criterios clave, y dejar fuera aspectos triviales. Por ejemplo, la presencia de un API en la selección puede ser un criterio de selección importante, mientras que el sistema operativo sobre el cual corre no lo es. De igual forma, si todas las soluciones cumplen con una funcionalidad estándar, realmente no es necesario listarla. Por ejemplo, todas las soluciones generan reportes; no es necesario listar "la solución debe generar reportes". Otro ejemplo de un criterio de selección innecesario es pedir que un firewall "tenga la capacidad de abrir y cerrar puertos". Todos los firewalls hacen eso.

A la hora de listar los criterios, se tiene que indicar su nivel de importancia, clasificando cada uno como "necesario" y "recomendable". Hay que revisar la Matriz de Análisis de Proveedores, mencionado más adelante, para decidir cuáles de esos criterios incluir en la licitación.

c) Información sobre el proveedor.
En esta sección se pide información sobre la empresa proveedora de la solución. Se debe pedir nombre de la empresa, dirección, sitio web, nombre y datos del contacto, años en el mercado, y clientes de referencia.

d) Soporte y entrenamiento.
En esta sección se le pide al proveedor que indique cuáles son los niveles de soporte, los tipos de entrenamiento, y los costos de ambos.

e) Tiempos.
En esta sección se listan las fechas de entrega de licitaciones, periodo de preguntas, fecha de selección de proveedor, y cualquier otra fecha relevante.

f) Datos de contacto del comprador.
En esta sección se lista los nombres y datos de contacto de las personas que pueden contestar preguntas de los proveedores, y a quién enviarle la propuesta.

6) Crear Matriz de Análisis de Proveedores (MAP)

La Matriz de Análisis de Proveedores es una hoja de Excel que incluye todos los criterios de selección de cada proveedor (y hay que recordar que un solo proveedor puede ayudarnos a implementar más de un control). Cada criterio tiene un número que indica su nivel de importancia (peso específico), y se le asigna una calificación de acuerdo con el nivel de cumplimiento del criterio. Entonces se multiplican cada calificación por su peso específico, y se obtiene la calificación total de ese proveedor sumando todas las multiplicaciones. Por lógica, se selecciona al proveedor con la mayor calificación.

Los pesos específicos de cada criterio deben ser ajustados a las prioridades de la empresa. Por ejemplo, si el presupuesto es extremadamente limitado, el criterio de "precio" tendrá un peso específico más alto. De igual forma, la suma total de los pesos específicos debe ser siempre la misma. O visto de otra forma, solo hay cierta cantidad de puntos disponibles para ser distribuidos entre los criterios. Por ejemplo, se puede determinar que hay un total de 50 puntos, y hay que repartirlos entre los criterios. Este método nos ayuda a realmente priorizar los criterios, y evita que le pongamos un peso específico alto a todo, nulificando la efectividad del método.

Esta es la lista de criterios de la MAP:

a) Cumplimiento con la funcionalidad requerida
Entre más criterios de selección de la solución listados
en la solución se cumplan, más alta es esta
calificación.

b) Valor (proporción calidad/precio)
Obviamente siempre vamos a querer tener el precio
más bajo posible; pero hay que recordar que la calidad
cuesta. Entonces, lo realmente importante no es el
precio en sí, sino la proporción calidad/precio. En
seguridad informática, lo que no se paga con dinero, se
paga con horas-hombre, o con incremento de riesgo.
Por ejemplo, las soluciones open source gratuitas
pueden ser una opción, pero son mucho más difíciles
de implementar, lo cual implicará horas-hombre
invertidas. Si no se tiene presupuesto, ciertamente es
una opción. De igual forma, algunas soluciones pueden
ser más baratas, pero tal vez tengan funcionalidad
incompleta, incrementando el riesgo de intrusión.

c) Escalabilidad
Una solución que funciona perfectamente para unos
cuantos cientos de servidores, tal vez no funcione muy
bien si se tienen miles de servidores. Por eso hay que
tomar en cuenta el nivel de crecimiento de nuestra red,
y asegurarnos que la solución escale adecuadamente
conforme crezca.

d) Costos extra (hardware, software, horas-hombre)
Es común que la implementación de la solución
implique la compra de hardware y software extra; es
posible que el proveedor no liste estos costos en su
cotización, por lo que hay que preguntar. De igual
forma, al tener una nueva solución, es posible que
implique la inversión de horas-hombre en

administración, mantenimiento, seguridad, y almacenamiento.

e) Facilidad de uso
La solución tal vez cumpla con todos los requerimientos funcionales, pero puede ser difícil de usar por un diseño ineficiente de la interface, por ejemplo. La mejor forma de medir esto es comparar la cantidad de pasos requeridos para cumplir cada función.

f) Nivel de soporte
Hay proveedores que cobran por diferentes niveles de soporte, o lo incluyen gratis.

g) Nivel de entrenamiento
Hay proveedores que cobran el entrenamiento, otros lo incluyen gratis. De igual forma, hay que revisar si el usuario se puede auto-entrenar vía videos o documentación.

h) Clientes actuales
Este criterio mide el número de clientes en nuestro sector y geografía.

i) Permanencia de la empresa
El objetivo de este criterio es medir el riesgo de que el proveedor desaparezca del mercado, o sea comprado por otro. Cualquiera de estos dos eventos afectaría el producto y por lo tanto nuestra arquitectura. Entre más antigua una empresa, mejor. Y si la empresa cotiza en bolsa aún mejor.

j) Integración con otras soluciones
Este control mide qué tan fácil es integrar la solución con otras soluciones. Lo mejor es que la integración sea nativa, o sea que el usuario pueda activar el intercambio de datos desde la interface, sin mayor esfuerzo. La segunda opción es que la solución cuente

con un API, para poder hacer integraciones por medio de scripts.

k) Dificultad de implementación
Algunas soluciones son totalmente "plug-and-play", mientras que otras requieren el uso de horas-hombre de un ingeniero del proveedor para implementar.

l) Proyección de mejoras y productos futuros
Este criterio mide qué tan dinámico es el proveedor en la creación de productos nuevos, o la mejora de los productos existentes. Hay proveedores que pueden agregar funcionalidad sobre demanda del cliente, mientras que otros productos son tan maduros que ya dejaron de evolucionar.

7) Selección de soluciones

En esta fase se hace la selección final de los proveedores para cada control. Es importante notar que el proceso de análisis puede ser realizado por el área de seguridad informática solamente, pero las demás áreas involucradas, tal como operaciones y compras, deben de tener una participación activa en este momento. Es mejor que operaciones o compras vete un proveedor en este momento, a que lo haga una vez que se haya completado la compra o promesa de compra.

8) Implementación

Esta fase consiste en implementar las soluciones seleccionadas. Si se hizo una fase de pilotos extensa, esta fase se moverá mucho más rápido.

9) Proceso de mejora continua

La arquitectura de seguridad informática nunca termina, porque nuestra red es una entidad viviente, en continuo cambio y movimiento. Por eso, los controles tienen que ser auditados por lo menos trimestralmente, para asegurarnos que estén adecuadamente implementados. Otra necesidad fundamental de seguridad son las pruebas de penetración continuas, por lo menos trimestralmente.

En http://www.asilatam.org/documentos.html se puede descargar una hoja de Excel con la Matriz de Análisis de Proveedores.

7) CONCLUSIONES

Como acabamos de ver, la arquitectura de seguridad informática es conceptualmente sencilla, pero operativamente difícil de implementar. La dificultad viene de dos factores principales: el estado cambiante de nuestra red, y la cantidad prodigiosa de soluciones de seguridad informática disponibles. Aunado a esto, hay varias metodologías que se pueden utilizar.

El error principal que hemos visto en la implementación de arquitecturas de seguridad informática es enfocarse más en la documentación que en la solución misma. Si una empresa aún no tiene los controles dominados, no puede darse el lujo de dedicarle demasiado tiempo a la parte de documentación. Además, hemos visto que en ocasiones el documentar controles y procesos crea un falso sentido de seguridad: si está documentado, erróneamente se asume que está controlado. Es el típico error de confundir el mapa con el terreno. Por eso, la primera gran fase de la arquitectura de seguridad informática está enfocada a implementar controles prácticos, lo más rápido posible, usando los 27CC. Una vez que se tenga esto, se puede ir migrando a ISO 27001.

Se recomienda que el proceso de implementación de arquitectura re repita anualmente, ya que constantemente surgen nuevas y mejores soluciones de seguridad informática.

Nunca llegaremos al 100% de seguridad. Pero debemos llevar el nivel de seguridad a lo más alto posible, para que el hackear nuestra red sea altamente improductiva para el hacker, y prefiera atacar a otra organización con una red menos segura.

INDICE

www.asilatam.org

www.ingramcontent.com/pod-product-compliance
Lightning Source LLC
Chambersburg PA
CBHW071222050326
40689CB00011B/2407